LE SALON DE 1857

Paris. — IMP. DE LA LIBRAIRIE NOUVELLE. — Bourdilliat, 15, rue Breda.

MAXIME DU CAMP

LE SALON DE 1857

PEINTURE — SCULPTURE

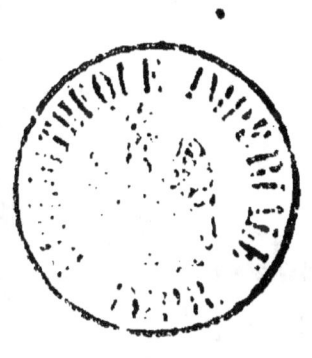

PARIS
LIBRAIRIE NOUVELLE
BOULEVARD DES ITALIENS, 15, EN FACE DE LA MAISON DORÉE.

La traduction et la reproduction sont réservées.

1857

LE SALON DE 1857

PEINTURE. — SCULPTURE.

I

AVANT-PROPOS.

Ce qui frappe d'abord l'esprit en parcourant les salles que l'administration a consacrées, dans le *palais de l'Industrie*, à l'exposition des beaux-arts, c'est qu'à proprement parler il n'existe plus d'école française de peinture ; on ne suit plus servilement, comme autrefois, les instructions d'un maître célèbre ou adopté par la mode; on semble, et c'est là un réel progrès,

s'évertuer en toute sorte d'efforts pour briser
les traditions et pour dégager son individualité.
La grande peinture disparaît et cède le pas à la
peinture de genre, qui elle-même commence à
se mêler si intimement au paysage, qu'il est
souvent difficile de pouvoir classer un tableau
dans telle ou telle catégorie. L'art devient plus
intime, plus vrai et par conséquent plus hu-
main; on néglige les dieux des anciens Olympes
pour s'occuper des *mortels:* la peinture religieuse même, celle qui, il y a dix ans à peine,
encombrait les expositions annuelles, s'est essentiellement modifiée, car je ne la vois repré-
sentée aujourd'hui que par trois ou quatre toiles
trop médiocres pour qu'il soit besoin d'en parler. Cela est d'heureux présage, et nous espérons que les peintres, échappant enfin aux
divinités et aux héros dont ils se sont si longtemps et si tristement contentés, vont comprendre qu'il faut voir l'humanité telle qu'elle
est, avec ses qualités et ses vices, et l'interpréter sincèrement, sans réminiscence de
ceux qui ont vu autrement et sans travail ré-
.rospectif.

Les maîtres n'ont pas exposé, dit-on, et l'on s'en afflige ; qu'importe ? les exhibitions de peinture ne sont pas destinées à donner pâture à la curiosité des oisifs ; elles doivent avoir pour but de constater la marche de l'art, ses tendances et ses aspirations ; or, sous ce rapport, nous savons ce que veulent les maîtres, où ils vont et ce qu'ils font. Leurs œuvres ne seraient qu'un attrait et non pas une preuve. Ils sont arrivés à la notoriété publique par leur talent ou par autre chose ; pour beaucoup d'entre eux, la postérité a commencé, de fait, après l'Exposition universelle ; ils sont au paradis, j'en suis bien aise ; mais la critique n'a plus rien à voir avec eux ; sa mission est de parcourir le purgatoire et d'en tirer les âmes luttantes qui méritent le ciel bleu.

Les personnalités s'affirment, avons-nous dit ; mais, en se débarrassant des errements du passé, elles paraissent avoir une prédisposition fâcheuse à s'enfermer, et, pour ainsi dire, à se confiner, chacune, dans un petit domaine particulier et souvent exclusif. Bien des peintres, et des meilleurs, ont choisi une spécialité : les uns

celle de la Bretagne, les autres celle de la Beauce,
et celle de l'Égypte, et celle de Constantinople,
et celle des jeunes mères, et cell. du seizième
siècle; et ainsi de suite à l'infini. C'est là une
tendance dangereuse, et j'y vois plus de préoccupation pour le commerce que pour l'art. A
force de tourner dans le même sujet, on s'étour-
dit et l'on ne regarde plus la nature que sous un
angle restreint ; or, je crois qu'un artiste doit la
contempler sous ses formes larges et multiples,
s'il ne veut s'isoler d'elle et se réduire à la fonc-
tion facile d'un comparse qui répète toujours le
même rôle ; que dirait-on d'un compositeur de
musique qui referait sans cesse la même romance ? L'élément pittoresque est partout ; il
s'agit de le découvrir, et on peut y arriver avec
du travail et de la persévérance.

La somme de toiles honorables est plus grande
peut-être à cette exposition qu'à celles des autres années ; il y a du talent presque partout,
mais il n'y a de génie nulle part. Le niveau a
passé sur toutes les têtes, et si nous ne voulions
citer que les œuvres sévèrement remarquables
du Salon de 1857, nous n'aurions à enregistrer

que peu de tableaux ; mais, dans plusieurs
toiles, nous aurons à signaler des qualités gra-
cieuses et douces qui, à défaut d'originalité et
de force, constituent au moins des efforts recommandables et dont il faut tenir compte. Nous
passerons beaucoup de noms sous silence; entre
les artistes sérieux, qu'il est juste de louer, et
les artistes dangereux, qu'on doit décourager,
il est une nombreuse phalange d'hommes médiocres qui n'attirent point par leurs qualités,
qui ne choquent point par leurs défauts, et qui
échappent à la critique, car ils sont négatifs, ils
n'ont aucun souci de l'art et s'efforcent de suivre
la foule au lieu de la précéder. De ceux-là nous
ne dirons rien, car, en réalité, ils n'existent
pas.

Avant de commencer l'examen des œuvres
qui doivent nous occuper, il est bon de dire un
mot encore sur un symptôme général qui saute
aux yeux les moins clairvoyants. La recherche
du beau et de l'idéal, l'aspiration vers une
nature supérieure, la compréhension de cette
part vivante que Dieu a mise de lui en toutes
choses, semblent s'évanouir pour faire place à

une habileté matérielle extraordinaire; le métier domine l'art; le cerveau s'obscurcit pendant que la main agile et sûre d'elle-même
acquiert, approfondit et met en usage les pro-
cédés les plus difficiles. Cela doit-il être, et
cela peut-il suffire? Nous en doutons : se con-
tenter du rôle de copiste ou de servile imita-
teur, c'est faire abnégation de soi-même, c'est
se diminuer, c'est infirmer l'art qui doit être
une seconde création, c'est reculer devant sa
mission et répudier les gloires d'une des plus
belles facultés humaines. Représenter un être
ou un objet créé, tel qu'il est, avec quelque talent que ce soit, c'est le fait d'un ouvrier; mais
dégager de cet être ou de cet objet l'étincelle
divine qui l'éclaire, et qui est l'âme et le sentiment, et la rendre palpable aux foules qu'elle
étonne et ravit, c'est le fait d'un artiste. Tout
individu qui ne porte pas en soi un idéal de
forme et de pensée plus élevé et plus lointain
que celui qu'il peut atteindre, ne laissera pas
trace; pour compter sérieusement, il ne faut
pas seulement être un peintre, il faut être un
artiste. Afin de bien faire comprendre ma pen-

sée et la résumer par un exemple, je citerai les
noms de deux hommes qui ont exposé cette
année : M. Millet est un artiste, M. Courbet
est un peintre.

II

PEINTURE RELIGIEUSE. — PEINTURE D'HISTOIRE.

Les tableaux religieux sont absolument nuls,
à l'exception de *Notre-Dame de Bourgogne*,
que Ziégler, son auteur, a terminé avant de
mourir; la toile est de dimension médiocre, mais
agrandie par l'habile disposition du sujet. Au-
dessus de la crèche, sur la porte de laquelle s'est
arrêtée et comme incrustée l'étoile voyageuse
que suivirent les mages, la Vierge est assise, portant le *bambino*, qui, semblable à un jeune Bacchus spiritualisé, presse dans ses mains des
grappes rouges; deux saints se tiennent à ses
côtés, et derrière s'étend une large treille char-
gée de pampres; les cathédrales bourgui-
gnonnes s'aperçoivent dans le lointain et des-

1.

sinent sur l'azur du ciel la haute silhouette de
leurs clochers gothiques. Une teinte violette
glace ce tableau qui semble avoir été trempé
dans cette purée septembrale que Rabelais
aimait à célébrer; peut-être est-ce intentionnellement que Ziégler a donné à cette toile ce
ton lie de vin, car c'était un esprit éminemment
chercheur et philosophique, qui se plaisait aux
rapprochements étranges et qui tentait d'établir
une sorte de symbolisme général dans les détails et dans l'exécution de ses œuvres. Lettré
autant que pas un, métaphysicien serré, habile
chimiste, liseur infatigable et toujours en quête,
Ziégler ne se contentait pas d'exécuter maté-
riellement un tableau; il essayait, par toute
sorte de moyens, de lui imposer une portée
vivante, et, pour ainsi dire, une voix qui pût
expliquer sa pensée tout entière. Cette teinte
violacée a donc été peut-être très-raisonnée
chez lui, mais peut-être aussi n'est-elle que le
travail naturel du fond qui a déjà repoussé;
en effet, afin d'obtenir pour sa peinture plus de
relief et une harmonie générale, Ziégler, la plupart du temps, préparait ses toiles en bleu ou

cu violet. C'est là un procédé périlleux contre lequel les artistes ne sauraient trop se tenir en garde; il est vrai qu'il vaut à leurs tableaux un aspect immédiatement solide et vigoureux, mais il les compromet dans l'avenir et finit quelquefois par les détruire absolument. Les fonds ont la propriété de reparaître toujours et de communiquer leur teinte particulière aux couleurs qui les recouvrent. Plusieurs peintres actuels, tels que MM. Couture et Courbet, qui emploient souvent ce moyen facile d'obtenir un relief plus accusé, feront bientôt la triste expérience de son danger. Il suffit de regarder les œuvres de Valentin, presque disparues aujourd'hui sous les tons noirs qui les ont dévorées, pour comprendre avec quel soin il faut éviter de peindre sur des préparations assombries. Lorsque le Poussin, revenu de Venise et encore tout ébloui des coloris merveilleux qu'il avait admirés, voulut atteindre les effets puissants du Titien et de Véronèse, il prépara ses toiles en rouge. Les tableaux qu'il a faits dans cette manière sont aujourd'hui d'une couleur brique uniforme. Les personnes qui ont été à Rome et qui, au musée du Vatican, ont vu son *Martyre de saint Érasme*, se rappelleront l'aspect déplorable de cette vaste composition, qui a l'air d'être peinte sur un transparent rouge. Je crains que l'avenir ne me donne raison et que la plupart des tableaux de Ziégler ne deviennent insupportablement violets et ne se noient sous les tons froids et lourds du fond préparé.

Le seul essai de grande peinture a été tenté, cette année, par M. Matout. C'est un effort honorable, très-important, et qui dévoile chez son auteur des qualités très-sérieuses de *faire* et de composition. M. Matout avait à décorer le grand amphithéâtre de l'École de médecine, un centre et deux pendentifs ; l'emplacement était mal commode, puisqu'il exigeait absolument, par sa disposition, un tableau carré accompagné sur chaque face latérale d'un tableau triangulaire. Cette difficulté, qui aurait effrayé les plus braves, n'a point fait reculer M. Matout, qui a su la vaincre avec hardiesse. Le tableau du centre, représentant *Ambroise Paré appliquant pour la première fois la ligature aux artères après une amputation*, a été

exposé au Salon de 1853. Chacun se rappelle
encore l'impression de cette fougueuse bataille
au milieu de laquelle un homme de génie,
calme et certain de sa force, repousse les cau-
tères rougis à blanc que des chirurgiens routi-
niers lui offrent à la place du simple fil ciré
qu'il leur présente en souriant. Les deux toiles
que M. Matout nous montre aujourd'hui, d'une
composition plus sobre que la première et
d'une exécution tout à fait supérieure, complètent dignement la décoration et affirment chez
lui d'incroyables progrès accomplis. Les sujets,
ingrats par excellence, repoussants même, en
quelque sorte, avaient besoin d'être relevés et
comme illustrés par une *main-d'œuvre* très-soi-
gnée; M. Matout l'a compris. Le premier de
ces tableaux représente *Lanfranc, chirurgien du
douzième siècle*, faisant un cours d'ostéologie.
On est sous les voûtes de Saint-Jacques la Bou-
cherie, de larges rayons de jour glissent par les
ogives allongées et répandent également la lumière. Debout sur une façon de chaire gothi-
que, le maître, profilant son pur visage de pro-
scrit italien, tient à la main un crâne dont il

décrit la structure ; autour et en face de lui
sont rangés, attentifs et silencieux, les écoliers
vêtus des costumes éclatants du moyen âge. Ce
dernier détail prêtait à bien des extravagances
dont M. Matout a su se garder avec sagesse :
point de poulaines, point de panaches, point
de cagoules, pas un poignard, rien de tout ce
vieux fatras dramatique dont on a tant usé et
abusé, et cependant une *couleur locale* très-
vraie, harmonieuse, et ne chatoyant pas comme
les portemanteaux d'une friperie. Loin de
composer la *foule* à la manière de la plupart
des peintres, qui confondent volontiers toutes
les physionomies et ne cherchent guère que des
variétés d'attitude, M. Matout a créé dans chacun des auditeurs de Lanfranc une individualité très-distincte, expressive et vivante, de
sorte que, tout en obtenant une masse, il a
fait des êtres particuliers ornés de visages qui
leur appartiennent en propre et qui existent
bien réellement pour leur compte, au lieu
de se perdre, comme cela ne se voit que
trop souvent, dans un type uniforme et commun. Nous aimons peu cependant l'homme

assis à droite du tableau, couvert et coiffé de
rouge, et appuyé sur un in-folio ; il nous semble avoir quelque chose de théâtral et de
roulu qui jure un peu avec l'extrême et noble
simplicité de l'ordonnance générale. La coloration est fort bonne : les tons les plus nets
et les plus francs se côtoient sans se heur-
ter et empruntent aux œuvres de la nature
quelque chose de leur harmonie à la fois
sévère et brillante. *Desault, chirurgien de
la fin du dix-huitième siècle* [1], instituant la première clinique chirurgicale à l'Hôtel-Dieu de
Paris, forme l'autre tableau. Pour rendre cette
scène, M. Matout n'avait plus la ressource
des murailles gothiques et des vêtements pittoresques par eux-mêmes ; il fallait un hô-
pital, des lits blancs, des tentures blanches,
des murs blancs ; de toutes ces difficultés,
l'artiste a réussi à tirer un excellent parti ;
il a composé une symphonie en blanc majeur,
comme l'eût faite Andréa Sacchi, et il a su
harmoniser entre elles ces teintes disparates

[1] Mort en 1795, à cinquante et un ans.

quoique semblables et les rendre possibles à
côté du ton violent des carreaux rouges et
luisants. Un pauvre diable est couché dans
un lit devant lequel, debout, vu de dos, le
visage tourné de profil, se tient Desault, qui
explique à ses élèves l'appareil qu'il a inventé pour les fractures du fémur. Vêtus du
laid costume de l'époque, bas blancs ou chi-
nés, culottes noires, vestes d'indienne et de
toile de Perse, les jeunes gens s'empressent
autour du maître, prennent des notes à ses
paroles et suivent attentivement sa démonstra-
tion, pendant que le malade le regarde avec
cet œil anxieux des malheureux accoutumés
à chercher en vain un sens à cet obscur
langage scientifique dont ils attendent leur
salut. Le reproche sérieux que, selon nous,
mérite cette composition, c'est qu'elle n'offre
que de dos le personnage principal. Desault
méritait d'être placé de face ; c'était un très-
grand homme et le fondateur direct de cette
école chirurgicale qui est une des plus pures et
plus belles gloires de la France ; j'aurais voulu
le voir en plein visage, occupant le centre,

attirant et retenant sur lui les regards, comme
cela doit être pour le héros d'une action. En
conservant la disposition des personnages et
des accessoires telle qu'elle est, il eût fallu for-
cément le rejeter au troisième plan, et c'est
là, sans nul doute, ce qui a engagé M. Matout
à ne le présenter que d'une manière impar-
faite et, pour ainsi dire, à dissimuler ses traits.
Malgré ce défaut que j'ai cru devoir signaler, je préfère peut-être ce tableau à son pendant; par la sévérité de son ordonnance,
par son ferme coloris, par cette longue eu-
filade de lits, sous les blancs rideaux des-
quels j'entends gémir bien des douleurs, il y
a quelque chose d'ému et de profond qui
trouble l'âme et fait penser. La façon dont
ils sont exécutés tous les deux est, du reste,
très-remarquable. La peinture de M. Matout
est probe et loyale, c'est de la peinture d'honnête homme, et ceci n'est pas commun; il n'y a
ni *trucs* ni *ficelles*; elle procède largement,
sans hésitation comme sans outrecuidance.
De plus, elle est très-finie; chaque détail est
précis sans rien retirer de son ampleur à l'en-

semble; elle ne triche pas, ne sacrifie rien et reste maîtresse d'elle-même toujours et partout. L'artiste n'a point obéi à cette tendance malheureuse de la plupart de nos peintres, qui, sous prétexte d'être larges, se lâchent outre mesure, croient que la grande peinture doit se faire à coups de torchon et traitent un tableau comme on traite une décoration d'Opéra. C'est là un tort; la belle peinture est toujours très-faite. J'entends sans cesse invoquer les maîtres, soit! Étudiez-les, et vous verrez que les plus fougueux savent, comme la nature, donner un ensemble et des détails; tandis que trop souvent, aujourd'hui, on sacrifie les seconds afin d'apporter plus de force au premier. M. Matout respecte les deux, et il a raison. S'il continue à s'avancer dans la voie où il marche maintenant, s'il sait accroître encore la somme de progrès qu'il a déjà obtenus, nous aurons enfin un artiste auquel on pourra confier de vastes murailles à peindre, sans craindre de le voir les abandonner par impuissance, comme cela s'est vu quelque part et quelquefois.

Souvent déjà nous avons eu occasion de parler de l'*École de Rome* et de blâmer cette institution, qui, selon nous, continue d'une façon coupable le genre académique, c'est-à-dire le genre faux par excellence, le vieux, l'usé, le rabâché, le *poncif*, en un mot, comme on dit en termes d'atelier. La grande majorité des individualités remarquables ou remarquées de notre époque se sont développées librement, hors des entraves apportées par l'enseignement traditionnel. Il faut être doublement fort et avoir le sein entouré de l'*œs triplex* dont parle Horace, pour traverser impunément les broussailles que la routine et la médiocrité ont accumulées sur les pas des lauréats. Voici cependant qu'il nous arrive aujourd'hui de la villa Médicis une jeune espérance toute pleine de promesses; qu'elle soit la bienvenue; nous la saluons de nos souhaits les plus sincères. M. Paul Baudry vient de franchir d'un seul bond plus d'un degré, et il se révèle à nous avec des œuvres encore entachées d'imitation, mais qui, du moins, n'ont rien de commun avec les *machines* perpétuées, dans l'école, depuis David, et qui accusent chez lui

une force native et une intelligente compréhension des maîtres ; c'en est assez pour nous faire
battre des mains ! Sans être déjà un artiste de
premier ordre, M. Baudry pourra le devenir,
s'il sait se tenir en garde contre les admirations
maladroites, rester imperturbablement dans
l'art, ne point trop descendre au commerce des
portraits qui affaiblit fatalement les plus forts,
et n'obéir, en toutes choses, qu'à son inspira-
tion et à sa pensée. La véritable originalité,
longue à trouver souvent, se puise en soi et jamais chez les autres ; le pastiche, qui est une
sorte de plagiat détourné, doit être évité avec
soin, si l'on veut compter par sa propre valeur
et peser de son seul poids dans la balance.
M. Baudry a tout ce qu'il faut pour être ; qu'il
soit, cela lui sera facile. Il a certaines vertus
innées qui font les bons peintres et leur per-
mettent, par le travail et la réflexion, de devenir
de grands artistes. Mieux que personne il possède la valeur des tons, l'harmonie générale, le
charme des colorations, et ce je ne sais quoi de
doux et d'attrayant qui est comme l'émanation
spéciale d'une âme s'interprétant elle-même. A

côté de ces qualités, qui, seules, suffiraient à la
placer hors du vulgaire, il a quelques défauts
que sa jeunesse suffit amplement à expliquer et
qu'il est bon de lui signaler, car il est assez fort
pour remédier promptement à ses imperfections. Ainsi je trouve son dessin quelquefois
mou et irrégulier; je prendrai son *Saint Jean-
Baptiste* pour exemple. L'enfant, vu de face,
nu et assis dans un bois, tient dans ses bras
l'agneau qu'il presse contre son cœur ; une lumière douce et légèrement assombrie flotte autour de lui. La partie inférieure du précurseur
est abordée franchement, sans tâtonnement ;
les pieds, et surtout celui qui se voit en rac-
courci, sont dessinés au mieux ; mais le haut
du corps et la tête me satisfont moins; les
chairs y sont flasques, l'attache des épaules est
infléchie et douteuse comme chez les enfants
maladifs; la coloration même n'est plus aussi
vivante; elle a quelque chose de morbide qui
vieillit le visage ; cette jolie toile, presque cir-
culaire, semble avoir été peinte en deux fois et
sous des préoccupations différentes; elle manque d'ensemble. Je n'en dirai pas autant de *la*

Fortune et l'Enfant, qui est conçue et menée à bon résultat d'un bout à l'autre. Chacun connaît la fable de la Fontaine qui est le sujet de ce tableau. Assise au bord du puits, la Fortune vient de réveiller le bambin qui dormait imprudemment et lui presse les joues par un mouvement caressant et gracieux. Un bouquet de laurier s'élève à droite; à gauche, on aperçoit une longue plaine fermée par une montagne qui se détache en bleu sur le ciel. Cette toile a un grand charme, elle retient et enchaîne les yeux. Il y a dans la touche des délicatesses exquises, une haute distinction dans la manière de traiter les détails, de la profondeur dans l'horizon et de l'air autour des personnages. Mais en composant ce tableau, qui fut un de ses envois de Rome, M. Baudry n'a-t-il pas obéi à des réminiscences trop directes, et l'étude approfondie qu'il a évidemment faite des maîtres coloristes du seizième siècle ne l'a-t-elle pas entraîné, malgré lui peut-être, à trop se servir de l'*Amour sacré* et de l'*Amour profane* du Titien, qui est à la galerie Borghèse? En effet, sa *Fortune* n'est autre que l'*Amour profane*; seulement elle est retournée; mais je retrouve la même disposition, le même paysage, le même personnage, la même coloration, la même valeur de tons pour les terrains, la pierre du puits, le ciel, la draperie, les chairs et les arbres. C'est trop. Si M. Baudry n'avait exposé que ce seul tableau, qui n'est en somme qu'une très-bonne étude d'après le Titien, je n'oserais pas affirmer son avenir. Il faut, je crois, connaître les maîtres dans tous leurs secrets, mais voir par ses propres yeux et exécuter naïvement, selon son impression, et non pas en cherchant à faire ce que d'autres ont déjà fait avant nous. Malgré tout son talent, que nul n'admire plus que moi, M. Ingres s'est diminué en s'arrêtant, de parti pris, à Raphaël, et en s'efforçant de voir comme aurait vu le peintre de la *Transfiguration*. Les œuvres qui consacrent réellement sa gloire sont celles qu'il a exécutées en dehors de cette préoccupation constante. Il y aurait, je crois, un danger sérieux à s'immobiliser auprès du Titien; ce danger, M. Baudry saura l'éviter, je pense, car voici une *Léda* qui indique plus d'originalité que les toiles précédentes. La fille de Thestius, debout et sans voile, dans un paysage « fait à souhait pour le plaisir des yeux, » s'arrête indécise et troublée, pendant que le cygne divin marche vers elle en battant de l'aile et en levant la tête. Le jour, quadrillé par les arbres, tombe en taches de lumière et d'ombre sur le visage de celle que va féconder un dieu. Un étonnement adouci brille dans ses yeux bleus, et du bras elle presse son cœur comme pour en interroger les battements. Dans certaines parties de ce petit tableau, il y a des adresses d'exécution peu communes ; nous citerons, entre autres, le dessous de l'aile du cygne, les fleurs bleues dont est parsemée la chevelure dénouée de la femme de Tyndare, et tout le paysage, qui est frais, discret et mystérieux. Peut-être aurions-nous voulu plus de jeunesse et surtout plus d'élégance dans Léda ; nous trouvons ses genoux trop engorgés ; sa jambe manque de finesse, ses pieds sont un peu plats, la poitrine n'a guère de fraîcheur. Affaire de beauté, c'est affaire de goût, chacun la voit à sa façon et la poursuit dans l'idéal qu'il s'est créé. Il nous semble que, là, M. Baudry a trop

copié un modèle; c'est une femme assurément
avenante et jolie, mais j'avoue que ce n'est
point ainsi que je me représente Léda. Le milieu où elle s'agite, par exemple, est *trouvé*, et
c'est une alcôve bien imaginée pour de célestes
amours. Le *Supplice d'une vestale* est l'envoi de
cinquième année le plus important que nous
ayons vu depuis longtemps. La disposition en
hauteur, *à coulisse*, a le défaut de tirer l'œil de
bas en haut et de ne pas s'embrasser facilement d'un seul regard; elle manque un peu
d'aplomb et se précipite plutôt qu'elle ne s'é-
tend. Mais qu'importe? on est étonné que semblable tableau nous soit venu de la villa Médicis;
avec un pareil sujet, M. Baudry pouvait facilement composer une tragédie, il a préféré faire
un drame; il faut lui en savoir gré, car cela dénote en lui des prédispositions au mouvement
et un besoin d'action qu'on rencontre rarement
chez les élèves de Rome. Le fond de la toile est
clos par un bois et par une échappée dans la
Campagne romaine; le grand prêtre, vêtu de
blanc, lève les mains vers le ciel, la mère se
frappe les seins, la foule s'émeut, regarde et se

a

lamente, pendant que de vigoureux exécuteurs
enlèvent vers la tombe ouverte la frêle victime
vêtue de noir, pâle, évanouie et terrifiée par
les affres de la mort; de dessous terre sortent
des mains brutales prêtes à la saisir et à la mu-
rer vivante dans le caveau impie. Là encore, la
réminiscence des maîtres coloristes apparaît et
retire à M. Baudry quelque chose de son originalité. Mais j'ai bon espoir, car cette originalité, je la retrouve dépouillée de toute préoccupation rétrospective dans le *portrait de
M. Beulé*. Ici du moins on peut juger M. Baudry tout entier, et le jugement lui est absolument favorable. La vie, une vie pratique et
quelque peu rusée, anime le visage et lui donne
une réalité surprenante; l'œil existe, le souffle
de l'haleine distend les narines, la tête pense,
le cœur bat et le sang circule. Les mains, et
surtout le poignet replié qui soutient la joue,
indiquent une connaissance profonde de l'art et
de la nature. C'est vrai, franc et beau. Les accessoires sont traités habilement; mais au lieu
de cette Minerve en bronze et de cette médaille
d'argent, j'aurais voulu voir le médaillon d'Au-

guste Titeux, le vaillant architecte qui est mort
en fouillant le premier ce sol des Propylées où
M. Beulé devait venir après lui. De toutes les
toiles exposées, cette année, par M. Baudry et
dont nous venons de rendre compte, c'est donc
ce portrait qui nous séduit le plus, car il est sincèrement original et dénonce une force de bon
aloi qui, si elle est bien guidée, pourra éclore
en un talent supérieur. Le jour où M. Baudry se
sera complétement assimilé les maîtres, le jour
où l'étude sérieuse qu'il en a faite sera en lui à
l'état d'expérience et non plus de réminiscence,
nous aurons un véritable artiste propre aux
grandes conceptions de l'esprit et aux exécu-
tions savantes de la main. Si ses tableaux nous
ont inspiré quelque inquiétude sur sa manière
de voir la nature à travers des œuvres ancien-
nes, ce portrait nous rassure, car il nous a
prouvé que M. Baudry trouvera en lui, quand
il le voudra, une personnalité résistante et
pleine de belles qualités. Je sais que les artistes
regardent, en général, les littérateurs qui font de
la critique comme de simples machines à réclames, et qu'ils n'estiment guère notre ingrat tra-

vail que comme un véhicule à réputation ;
néanmoins je me hasarderai à donner un con-
seil à M. Baudry. Il est trop fort déjà pour que
nous ayons quelques déboires à redouter; mais
nous sommes ambitieux de voir se réaliser
promptement les espoirs que nous avons con-
çus. Que pendant quelque temps il vive, autant
que possible, dans la nature ; il y acquerra une
santé robuste qui lui manque encore; je ne sais
quoi de maladif qui plane sur sa peinture lui
donne un vrai charme, mais assurément lui retire de la force ; or, c'est la force qu'on doit
chercher. Qu'il ne fasse pas trop de portraits;
des gens bien doués, ne serait-ce que M. Court,
se sont irrémissiblement perdus dans ce genre
de confection ; qu'il aime l'art plus que tout,
plus que la fortune et plus que la gloire, et surtout qu'il travaille, qu'il lise, qu'il étudie, qu'il
apprenne, qu'il comprenne de toute manière.
Si l'on veut inscrire son nom parmi les premiers, il faut agrandir son cerveau et respecter
sa pensée; en art, comme en toute chose, on
doit savoir. Les historiens, les savants et les
poëtes sont de bons conseillers, ne serait-ce

que pour empêcher de commettre des fautes
grossières comme celle dont M. Cabanel, un
ancien prix de Rome aussi, vient de se rendre
coupable.

Quand un homme comme Shakspeare, il n'y
en a pas une demi-douzaine dans l'humanité, a
créé un type, ce type prend immédiatement une
réalité historique, il devient vrai comme un fait.
Or, sous prétexte de représenter *Othello racon-
tant ses batailles*, M. Cabanel vient d'exposer
un étrange *quiproquo*. Au lieu de faire Othello,
il a fait Malek-Adhel. Une sorte de bellâtre à
peine aussi brun qu'un Provençal est assis en
face de Brabantio et de sa fille, dans un costume
de jeune premier ; au fond on aperçoit une Venise de convention que mes souvenirs ne me
rappellent guère. Je n'aurais pas parlé de ce tableau, où il n'y a à louer que quelques étoffes
très-adroitement traitées, s'il ne me paraissait
utile de relever une erreur aussi capitale et que
certainement M. Cabanel n'aurait jamais com-
mise s'il avait lu le drame de Shakspeare. A
chaque page, à chaque phrase, Shakspeare affirme qu'Othello est noir ; le mot *black* revient à

3.

tout instant et sa signification n'est point douteuse; non-seulement il en fait un noir, mais un nègre : *Quelle bonne fortune pour ses grosses lèvres s'il vient à réussir !* dit Roderigo ; et Iago : *En ce moment un bélier noir couvre ta blanche brebis ;* et Brabantio : *Comment a-t-elle pu s'éprendre d'amour pour un être qu'elle craignait d'envisager ;* et Desdemona : *C'est dans son âme que j'ai vu son visage ;* et le duc : *Si la vertu possède une beauté charmante, votre gendre est encore plus beau qu'il n'est noir ;* et Othello : *Peut-être, car je suis noir ;* et plus loin : *Son nom, jadis aussi frais que le visage de Diane, est maintenant aussi souillé et aussi noir que ma propre face.* Garrick raconte que lorsqu'il jouait Othello et prononçait ces mots : *Not a jot ! Not a jot !* (act. III, sc. 3), il se sentait pâlir sous le voile *noir* qui couvrait son visage. *The Moor* est la traduction du mot *Moro* employé par Girardi Cinthio dans la nouvelle originale. Or que signifie *Moro*, en italien ? J'ouvre l'excellent dictionnaire d'Antonio Ronna et je trouve : *Moro : uomo nero di Etiopia,* homme noir d'Éthiopie. Il n'y a pas de confusion possible, et je

déclare que corriger Shakspeare est un fait
tellement imprévu que je ne sais comment le
qualifier ; son moindre inconvénient, dans l'espèce, est d'ôter au drame sa raison d'être. Quelle
confiance peuvent inspirer les œuvres d'un
peintre qui a ce souci de la vérité et ce respect
du génie ? Nous étions en droit d'attendre plus
et mieux de M. Cabanel ; sa *Mort de Moïse* fai-
sait des promesses qui tardent à se réaliser, car,
à côté de cet Othello expurgé, *ad usum Delphini*,
nous voyons une *Aglaé* et un *Boniface* rêvant
aux vérités du christianisme qui ne font qu'aug-
menter l'admiration que nous avons gardée pour
le tableau de *Sainte Monique et saint Augustin*,
par M. Ary Scheffer.

Puisque nous en sommes aux anciens élèves
de l'École de Rome, nous terminerons tout de
suite avec eux. M. Hébert, retenu malade en
Italie, n'a rien envoyé qui soit digne de ses dernières expositions ; aussi nous ne compterons
pas celle-ci à son *avoir*. M. Léon Bénouville a
peint, d'une peinture plus épaisse que solide,
un agréable tableau composé sur le vieux
thème des *Deux Pigeons*. L'amant s'en est allé

au loin, emporté par cette tyrannie des voyages
qui est une des plus cruelles maladies de l'âme.
Celle qui l'aime est restée au logis, pensive et
tournant entre ses doigts agiles le fuseau, bon
conseiller. Après bien du temps passé dans l'attente, voilà qu'un jour de grêle et d'ouragan on
heurte à la porte; demi-nue, presque écheve-
lée, elle se lève, court, et reçoit dans ses bras
le fugitif, meurtri, harassé, qui revient reprendre au gîte la tendresse qui l'espérait toujours.
Par la porte entr'ouverte, qui laisse apercevoir
un ciel fouaillé par les rafales, le pigeon à demi
déplumé, traînant aux ailes le lacet meurtrier,
s'élance aussi vers sa chère femelle qui se sou-
lève tout entière avec un mouvement parfaitement réussi. Le sentiment et le dessin de ce
tableau sont fort remarquables, quoique dé-
parés par un coloris noirâtre que M. L. Bénouville aurait facilement pu rendre plus transparent et plus doux. Comment se peut-il faire qu'à
côté de cette toile vraiment attrayante, M. Bénouville ait exposé ce *Raphaël apercevant la
Fornarina* et ce *Poussin sur les bords du Tibre ?*
Je dois signaler pourtant, dans ce dernier ta

bleau, une lavandière vêtue de rouge et vue de
dos qui est d'une grande et svelte tournure.
M. Bénouville referait-il aujourd'hui le *Christ
au prétoire* qui lui a valu son prix de Rome?
j'en doute.

Je voudrais bien parler du *Jules César arrivé
devant le Rubicon*, de M. Boulanger (Gustave-
Rodolphe); mais, en vérité, cela est bien difficile; ce n'est pas un drame que ce tableau, ni
même une tragédie, c'est un monologue sans
confident, c'est une grande machine, comme il
y en a tant, académique jusqu'au dernier grain
de la toile; c'est froid et honorable, suffisamment dessiné, point suffisamment, sans qualités, sans défauts; c'est une toile qui figurera
honnêtement dans quelque musée de province.
Je crois, cependant, que le sujet comportait
plus d'animation; les textes mêmes l'indiquaient. M. Boulanger nous montre, à travers
les brumes nacrées du matin, et assis parmi les
roseaux, un jeune pâtre qui joue de la flûte;
mais il n'a rien de commun avec l'apparition
qui décida César, avec cet homme de taille
haute et belle qui, entouré de soldats et de ber-

gers, jeta son chalumeau, arracha la trompette
d'un des légionnaires, et, en tirant des accents
guerriers, marcha vers l'autre rive. Et puis,
est-ce que ce cheval est celui du chauve adul-
tère ? Le cheval de César avait une particularité
si extraordinaire, que M. Boulanger n'aurait
point dû la laisser en oubli ; Suétone ne dit-il
pas textuellement : *Utebatur equo insigni, pe-
dibus propre humanis, et in modum digitorum
unguibus fissis ?* Ce passage offrait même un
élément pittoresque dont un peintre pouvait
tirer parti. Est-il donc si difficile et si long de
lire l'histoire avant de la peindre ? Il y a certaines natures, bien douées du reste, auxquelles une impression morale ne suffit pas et
qui ont besoin, pour bien comprendre et interpréter un fait, d'en ressentir l'impression phy-
sique. M. Boulanger est peut-être ainsi ; son
tableau des *Eclaireurs arabes*, que le livret appelle *choassa*, au lieu de *chouafa*, semble le
prouver, car il est certainement le meilleur et
le seul saisissant de ceux qu'il a exposés. Le
ciel est bleu ; des mamelons de sable beaucoup
trop *flous* pour être vrais s'étendent aux pre-

miers plans et rejoignent les crêtes lointaines
d'une chaîne de montagnes. Deux hommes et
un enfant, armés de flissas, et vêtus de bur-
nous, les pieds disparus dans de larges mer-
koubs, ont rampé à plat ventre comme des ser-
pents, rasant le sol, retenant leur souffle, et
viennent de se soulever sur leurs bras raidis,
dressant la tête, flairant l'espace et regardant
de leurs yeux perçants la fumée d'un douar
dont on aperçoit les tentes en poil de cha-
meau. C'est pris sur le fait. C'est ainsi, en
effet, que procèdent les Arabes du Maghreb,
qui sont les plus admirables batteurs d'estrade
qu'on puisse rencontrer au monde. Je crois que
dans cet ordre de sujets étudiés sur nature,
M. Boulanger pourra rencontrer une riche veine
de succès. Son *Maestro Palestrina* a aussi de
bonnes qualités, mais pourquoi n'avoir pas
relié par des nuances intermédiaires les tons
criards de cette chanteuse tricolore : rouge,
bleue et blanche ; ça éclate aux yeux comme
un feu du Bengale. Et puis pourquoi intituler
cette toile, *Maestro Palestrina?* Personne n'y
est trompé : dans la figure principale nous

avons tous reconnu M. Membrée. Il existe des
portraits de Palestrina ; a-t-on le droit de sub-
stituer à un visage *historique* une tête qui n'est
même pas de fantaisie, puisque nous savons à
qui elle appartient ; ceux qui ont laissé dans
l'art une trace profonde méritent d'être traités
avec plus de respect. Si M. Boulanger n'avait
pas le loisir de faire les recherches nécessaires
à son sujet, il fallait appeler simplement ce tableau : *Soirée de carnaval* ou *Musiciens du
seizième siècle ;* mais, en conscience, Aloys de
Palestrina n'a rien à y faire.

L'École de Rome mène souvent à l'Institut ;
elle nous servira de transition pour parler de
M. Robert Fleury qui, après un long sommeil,
a aujourd'hui le réveil du lion : *quandoque
bonus dormitat.* Ses dernières expositions
avaient été faibles ; ses tableaux, recuits et poussés au noir, indiquaient un talent presque éteint.
Les bonnes gens disent : Tant qu'il y a de la vie,
il y a de l'espoir ; ils ont raison, car la dernière
toile que M. Robert Fleury a produite est d'un
maître et peut-être sa plus belle. Elle représente
Charles-Quint au monastère de Yuste. C'est

toujours un peu le même système d'effet habituel
au peintre : une grande lumière et une grande
ombre, l'une faisant valoir l'autre; mais cette
fois, du moins, la lumière n'est pas aiguë et
l'ombre est transparente. Dans une vaste galerie
peinte et dorée, où le soleil entre à pleins
rayons, l'ambitieux empereur qui abdiqua dans
l'espoir d'escalader plus tard le trône de Saint-
Pierre, est assis sur un fauteuil à brancard et
reçoit des mains du comte de Melito agenouillé
les lettres par lesquelles Philippe II le supplie
de revenir lui apporter ses conseils et sa direc-
tion. Il faut être reconnaissant à M. Robert
Fleury de n'avoir pas vêtu Charles-Quint du ridicule costume de moine qu'il ne mit jamais et
dont les peintres ont toujours soin de l'affubler.
Il porte le pourpoint et le haut-de-chausses de
velours noir et paraît déjà difformé par la goutte
qui le tiraillait sans relâche. Derrière lui se tiennent, à convenable distance, ses serviteurs et
quelques moines du couvent; en face, au delà
de l'envoyé du roi, les secrétaires et les sui-
vants de la mission sont debout, dans l'attitude
du respect qui plie la vieille morgue espagnole.

Peut-être la composition est-elle un peu éparpillée et laisse-t-elle trop de *trous* entre les personnages ; mais, néanmoins, tel qu'il est, ce tableau, dessiné avec une sobriété parfaite, peint partout, dans les détails comme dans l'ensemble, avec une fermeté de touche pleine de jeunesse et de vigueur, est un des meilleurs et des mieux méritants du Salon de 1857.

Après le professeur, l'élève, d'autant plus que l'élève est déjà passé maître. Je parle de M. Charles Comte. C'est un artiste sérieux, qui cherche et qui trouve. Avant toute chose, un reproche dont, j'en suis certain, il saura faire son profit : dans toutes les têtes de ses personnages, têtes charmantes, vivantes et *historiques*, je trouve de la mollesse d'exécution ; je vois la forme du visage, mais je n'en sens pas la structure ; il y a des muscles, mais ils cachent si bien les os, que je ne les soupçonne pas. C'est là un inconvénient auquel il est facile de porter remède, et je suis persuadé qu'il aura suffi de le signaler une fois à M. Comte. *Henri III visitant sa ménagerie de singes et de perroquets* est une merveille de composition, de grâce et de coloris.

C'est bien là ce roi crapuleux, jeté de Sodome
sur le trône de France, fardé comme une fille,
portant au cou, par-dessus le cordon bleu du
Saint-Esprit, des colliers de perles fines ; à la
ceinture attachant son chapelet bénit, à côté de
son bilboquet d'ivoire ; entourant ses frêles poi-
gnets de bracelets équivoques ; être hermaphro-
dite et douteux, qui restera toujours une des
hontes les plus profondes de notre histoire. Accompagné de sa sœur, cette impudique Margot
que vous savez, et de toute sa cour, mignons et
mignonnes, il a gratté la tête à ses singes et
donné une cerise à un kakatoès qui hérisse sa
huppe en se penchant vers lui. Les détails de
cette composition, quoique traités à ravir, semblent entraîner M. Comte vers une tendance au
papillotage. Ce serait un réel malheur s'il se
laissait emporter plus loin que de raison, car son
talent est très-vigoureux, et, pour rester fort,
il n'a besoin que de demeurer dans les limites
où il s'est développé jusqu'à présent. Aussi, malgré la distinction de ce tableau, nous lui préférons celui que l'artiste a nommé *Jeanne Grey*.
Tenu dans une gamme de tons moins chatoyants,

plus assombri, plus intime, d'une exécution
plus soignée peut-être, à coup sûr plus difficile
à faire, et moins attachant au premier coup d'œil,
il offre des qualités de grande peinture qui reposent le regard et pénètrent d'âme. Si je n'y
voyais, à droite, deux draperies en velours d'un
violet couleur *prune de Monsieur*, qui me plai-
sent peu et qui me paraissent plus aigres qu'il ne
faut, je n'aurais à donner que des éloges sans
restriction. Il y a contre la muraille du fond
une tapisserie de haute lisse que je recommande
et qui seule constituerait un tableau. Dans *Ca-
therine de Médicis faisant de la magie dans sa
chambre, au château de Chaumont*, je retrouve
les mêmes qualités, une savante distribution de
lumière et de précieuses vérités d'attitude, quoique j'aime peu le profil trop effacé de la reine.
Si je m'en fie au livret, Ruggieri fait voir dans le
miroir magique, à « la vivandière d'enfer, »
comme l'appelle d'Aubigné, que ses fils mourront
sans postérité, et que Henri de Bourbon leur suc-
cédera sur le trône ; alors, que signifie la figurine royale envoûtée placée sur le parquet au
milieu du cercle cabalistique ? C'est là tout une

autre opération. Cette observation serait puérile,
si elle ne s'adressait pas à M. Comte; mais il
nous a accoutumés à de telles exactitudes, que
nous sommes surpris de le trouver, une fois, en
défaut.

M. Alexandre Lafond, malgré ce que son
sujet avait de commun et d'épuisé, a su tirer un
bon parti de la *Chute des anges rebelles*, en sus-
pendant à travers les espaces une grappe de
démons foudroyés qui précipitent leur course
éperdue et terrifiée sous le glaive des chérubins
vainqueurs.

M. Mazerolle et M. Carlier n'ont point été
heureux dans leur effort de ressusciter le genre
académique : le premier, avec *Chilpéric et Fré-
dégonde devant le cadavre de Galsuinthe ;* le
second, avec *Locuste essayant des poisons sur
un esclave ;* c'est froid de part et d'autre et plus
théâtral que dramatique. Il faut des prodiges
d'exécution pour rendre possibles ces vieilles
rengaines déjà fastidieusement usées par tous
les fruits secs de l'école; ce sont des motifs à
poses, à *académies*, mais on n'y rencontre que
bien rarement la vérité et l'émotion. J'aime

mieux mille fois cet honnête et impressionnant
tableau de M. Hokert : *Famille de pêcheurs dans
la Laponie suédoise, costumes d'été*. Cette composition est bien simple, et pourtant elle trouble ; on l'emporte dans son souvenir et l'on y
repense.

Dans une solide cabane en bois, faite pour
résister au souffle qui a couru sur les mers
boréales et pour supporter les avalanches de
neige, la famille est réunie, le père, la mère et
l'enfant. Le père, un jeune homme vigoureux et
attentif, vêtu de la vareuse rouge des matelots,
assis et tournant le dos au spectateur, raccom-
mode ses filets et incline vers eux sa belle tête
brune et chevelue; la mère, portant la lourde
robe en laine bleue et coiffée du haut bonnet
scandinave qui donne à son charmant visage
une grâce fière et coquette, est debout, le pied
exhaussé d'un escabeau, et elle tend les bras
pour saisir l'enfant couché dans son berceau
volant suspendu aux solives. Un pâle rayon de
soleil, glissant à travers une fenêtre que l'on ne
voit pas, vient éclairer cette joie de la maison,
ce blond chérubin, épanoui comme une rose de

Noël, au milieu de cette tranquillité laborieuse.
Aux murailles s'accrochent toute sorte d'us-
tensiles de pêche, et, près de son maître, un
chien au poil noir et bouclé ouvre ses yeux
jaunes en attendant qu'on le mette à jouer pêle-
mêle avec le bambin. L'exécution, d'une vigueur limpide et d'un précieux empâtement;
le dessin, juste et mathématique sans séche-
resse, font de cette toile une œuvre de la plus
haute importance. En dehors de sa facture,
qu'on admire, ce tableau fait penser, il émeut
et prouve que M. Hokert a à sa disposition une
main très-habile et un cerveau sérieux : c'est
le plus bel éloge que nous pouvons faire d'un
artiste.

Il est deux toiles que nous classerons arbitrairement parmi les tableaux d'histoire, quoique, par le sujet qu'elles traitent, elles semblent
s'en éloigner absolument; mais leurs qualités
sont si élevées, qu'elles les constituent d'emblée, et sans contestation possible, de la grande
peinture; la dimension ne fait rien à l'affaire,
nous le verrons plus tard, en nous occupant de
M. Verlat. Les artistes qui ont fait les toiles

dont nous voulons parler sont MM. Millet et
Jadin.

Dans un champ où les moissonneurs ont
déjà passé, trois pauvres femmes marchent en
ramassant les épis oubliés, telles sont les *Glaneuses* de M. François Millet. Elles vont, cour-
bées vers la terre, la tête encapuchonnée d'un
lourd mouchoir de cotonnade qui cache presque entièrement leur visage, grossièrement vé-
tues de bure et recueillant brin à brin le pain
qui doit les faire vivre. Dans le lointain, à
l'horizon, on aperçoit un joyeux village blanc
près duquel les paysans, vestes bas et manches
retroussées, entassent les blondes javelles. Cela
est peint sans parti pris, sans ficelle aucune ; il
n'y a, pour ainsi dire, ni ombre, ni lumière ; il
n'y a que du jour, un beau jour, égal et net, au
milieu duquel les trois misérables se détachent
lumineuses sur le ciel plein de clarté. Je crois
que la bonne foi en peinture a été rarement
poussée aussi loin ; c'est honnête et franc comme
du bon pain bis. Le geste est d'une inconcevable précision ; à voir la manière dont ces élues
de la pauvreté saisissent les tiges de blé épar-

pillées, on comprend que les durs travaux ont
ankylosé leurs doigts, et qu'elles ont de ces
mains inflexibles qu'on ne peut ouvrir ni fermer
tout à fait, mains sans agilité, sans adresse,
presque sans force, telles que les font les im-
placables besognes de la misère. Il n'y a là que
trois femmes cheminant dans un champ mois-
sonné, et cependant c'est un drame plus tou-
chant cent fois et plus poignant que mille tableaux prétentieux à grand spectacle. Être
honnête en art, c'est peut-être le point le plus
difficile. Ne point appeler à son aide l'emphase
et l'exagération, rester dans la vérité, toujours
plus imposante que le mensonge, ne chercher
que des choses sincères qui seules donnent des
impressions justes, laisser aux cabotins le fard
et l'accoutrement forcé et ne s'inspirer jamais
que de la nature si féconde en accidents, en effets, en imprévu, c'est faire acte de force, et cet
acte, M. François Millet le fait aujourd'hui avec
une *maestria* sereine et grandiose. Ses tâtonne-
ments ont été longs, ses développements acquis
un à un, par un effort évident de conscience
et de volonté, mais il a réussi enfin à rendre sa

pensée vivante, et il est aujourd'hui un artiste
plein de vigueur qui compte, et certainement un
des plus remarquables. Lorsqu'il aura su débarrasser sa facture de certaines lourdeurs qui
l'épaississent encore plus que je ne voudrais,
je ne vois guère qui est-ce qui, de nos jours, lui
sera comparable.

Je savais que M. Godefroy Jadin était un
peintre d'un incontestable talent; mais je ne
soupçonnais pas qu'il fût un grand artiste; son
Hallali de sanglier me prouve que je n'avais
pas raison; j'avoue mes torts avec plaisir et en
toute humilité.

Nous sommes en pleine forêt de Fontaine-
bleau, à la Gorge aux loups; un sanglier
lancé, une bête de six ans environ, un porc
entier, comme dit du Fouilloux, est sur ses
fins; les chiens l'entourent; il n'est pas encore coiffé, mais peu s'en faut, car il est saisi à
beaux crocs vers la naissance du cou; il va,
reniflant et grommelant, éventrant les molosses
sans arrêter sa course; un des chiens, hardi et
l'oreille droite, cherche à le tourner par un
mouvement rapide; un autre, un vaillant, déjà

décousu, les entrailles traînantes, tombé sur ses
pattes de devant, tente d'arrêter la terrible
bête; un troisième débouche d'un fourré avec
un inexprimable entrain et ressemble à une des
têtes de Cerbère jaillie du gouffre; une harde
nouvellement découplée arrive à la rescousse
avec des abois formidables et des bondisse-
ments de dix pieds. La scène se passe en futaie;
voici de la vieille écorce, voici un hêtre luisant,
et au fond j'aperçois de grands chênes déjà dépouillés par l'automne. La forêt est profonde,
l'air y circule; cela sent bon les bois et les
feuilles. Il n'y a qu'un amoureux fou de la nature qui puisse peindre un tel tableau, que j'es-
time absolument supérieur à tous les Paul Pot-
ter que je connais. Pour trouver l'équivalent
d'une chasse semblable, il faut aller au musée
de Rotterdam voir la *Laie forcée* d'Abraham
Hondius; quant au paysage, on doit remonter
à celui de la *Mort de saint Pierre*, par Titien,
qui est à Venise, dans l'église Saint-Jean et Saint-
Paul. En dehors de ses qualités de paysagiste,
M. Jadin connaît, du reste, les animaux mieux
que qui que ce soit; comme simple *animalier*, je

le trouve beaucoup plus fort que Landseer. J'es-
père que cette opinion ne surprendra personne.
En effet, le peintre anglais produit une impression vivace avec ses animaux, mais à la condition de leur donner des regards humains et de
les rattacher à l'homme par certaine conformité
impossible de gestes et d'attitudes. M. Jadin ne
procède point ainsi : sûr de lui et observateur
sincère, il prend l'animal tel qu'il est, sous un de
ses aspects multiples, et il le révèle par sa vraie
forme, sans avoir besoin d'aller chercher des
secours hors de la vérité. Les *Sept Péchés capi-
taux* sont un chef-d'œuvre en ce genre, depuis
Invidia rampant et la tête aplatie comme un serpent, tout en restant un chien réel, jusqu'à *Libido*,
prolétaire échauffé qui tire la langue en souf-
flant rouge, et voudrait bien passer une patte sur
le dos de *Superbia*, qui, en levrette à trente
quartiers, montre ses crocs aristocratiques à
l'insolence du malotru. Je ne parle pas de la
façon dont ces toiles sont peintes, car chacun
connaît la solidité du pinceau de M. Jadin. Dans
l'*Hallali de sanglier*, quoique je sache que le
vert est une couleur trompeuse qui finit pres-

que toujours par passer, j'en aurais voulu quelques touches, ne serait-ce que pour égayer l'extrême sévérité du paysage.

Et les tableaux de batailles ? me dira-t-on. Je n'en vois guère qu'un seul qui mérite qu'on s'y arrête. C'est un *Bivouac en 1812*, par M. Devilly, qui, en 1852, avait exposé une excellente petite toile représentant le *Combat de Raz-Sabah*. La neige s'étend à perte de vue, le ciel est gris, l'aube se lève froide et meurtrière ; la veille, au soir, après une journée de marche, de combats et de famine, des soldats réunis par les hasards de la misère et de la défaite se sont abrités sous un arbre ; le feu s'est éteint et ils se sont tous endormis pour ne plus se réveiller. Se pressant les uns contre les autres, s'enveloppant de leurs effroyables guenilles, la main sur le sabre ou le bras sous la bretelle du fusil, ils sont morts, et ceux qui, dans la patrie, les yeux levés vers l'horizon, les attendent depuis de longs jours, ne les reverront jamais. Abattus par la faim et par le froid, les héros d'une cause qu'ils ne comprenaient pas sont tombés en cercle, sans gloire, énervés et vaincus sans bataille, pâture

prochaine des corbeaux, inutiles et désespérés.
La facture habile de cette grande toile rend son
aspect encore plus violent; c'est horrible comme
le désastre lui-même, c'est la guerre !

III

PEINTURE DE GENRE.

On a dit : Telle société, tel art; cet axiome est vrai. Les petits appartements font les petits tableaux; aussi la peinture de genre, celle qui se met dans des cadres étroits et qui se suspend facilement aux panneaux des chambres resserrées que nous habitons, se prépare-t-elle à remplacer sous peu la peinture d'histoire. Si ce n'est là où surgit le plus de talent, c'est là du moins que se montrent le plus d'efforts; les toiles estimables sont en grand nombre, et sans avoir les hautes qualités que nous aurons à signaler dans le *paysage*, elles se recommandent par d'ardentes tentatives d'originalité.

Quoique par sa manière de traiter les fonds,

M. Knaus me semble avoir déjà affaibli sa valeur, je crois qu'il est encore un des principaux
parmi les peintres de genre. Son *Convoi funèbre*,
où toutes les têtes, habilement diversifiées, ont
une expression fine et vivante, est d'un joli
sentiment attendri. L'enfant qui marche le premier, portant sa bannière comme un petit saint
Jean, ceux qui le suivent, distraits malgré leur
recueillement, psalmodiant le triste chant des
morts, le vieux magister, les jeunes filles, les
femmes noires qui accompagnent le cercueil
porté à dos d'homme, tous les personnages, en
un mot, sont réussis autant que dans ce fameux
Lendemain de fête qui, en 1853, a établi d'un
seul coup la réputation de M. Knaus. Mais son
fond de forêt est tellement osé, qu'un peu plus
il deviendrait impossible. Il y a péril en la demeure, comme on dit au palais de Justice ; ces
fonds-là paraissent faits de *chic*, ils tirent l'œil,
distraient l'attention , ont des valeurs papillo
tantes qui empêchent la réflexion de se poser et
nuisent essentiellement à la composition principale. La critique a déjà averti M. Knaus ; il a tort
de s'entêter dans cette voie déplorable de l'effet

à *tout prix*, il y trouvera des mollesses d'excu-
tion blâmables et l'affaiblissement de ses qualités
les plus vives. La *Promenade aux Tuileries* et
les *Bohémiens*, de l'Exposition universelle, indiquaient déjà cette mauvaise tendance qui
apparaît et éclate aujourd'hui dans les *Petits
Maraudeurs* : il est difficile de voir une composition mieux entendue et un dessin plus précis ;
celui de l'enfant qui porte une oie vers sa mère
occupée à allaiter un nourrisson est puissant de
vérité ; mais on dirait que sur les fonds maculés
de taches plates on a répandu une pleine boîte
de pains à cacheter. Quand on est aussi fort,
aussi habile dans le métier que M. Knaus, on
doit veiller sur soi, ne jamais se permettre de
s'écarter de la sincérité, avoir toujours la nature
sous les yeux et comprendre que c'est se diminuer et préparer sa perte que de sacrifier au
mauvais goût et à la fantaisie ; des fonds pareils
appartiennent moins à la peinture qu'à la kaléi-
doscopie. M. Knaus ne donnera-t-il pas un coup
de collier pour rentrer dans la sainte route, et
voudra-t-il donc que son *Lendemain de fête de
village* demeure toujours son meilleur et vrai

ment bon tableau ? L'art est une pente glissante :
quand on cesse de monter, on descend.

M. Meissonnier reste le maître des infiniment
petits; les huit tableaux qu'il expose, et surtout l'*Attente*, *un Homme à la fenêtre*, et *un
Peintre*, sont des tours de force de facture et
de composition. L'*Estaminet en* 1857, de M. Cha-
vet, est aussi un tableau très - habilement
éclairé, courageusement moderne, vrai dans les
attitudes, attrayant dans l'ensemble, et qui
affirme chez son auteur des progrès très-loua-
bles. Le *Fumeur* et le *Récit*, de M. Vetter, moins
finis et moins puissants que les panneaux de
M. Meissonnier, sont touchés avec un esprit
rare; la vie respire dans les petites têtes des
personnages lilliputiens; l'harmonie générale
est exquise, et bien des vieux Flamands signe-
raient ces tableaux sans difficulté. Sous le titre
un peu précieux de *la Littérature au bois de
Meudon*, M. Potémont a réuni une série de qua-
torze miniatures à l'huile, fines comme des
agates arborisées, très-bien observées pour la
plupart, justes de mouvement et d'un paysage
agréable. N'oublions pas non plus M. Fauvelet,

qui dans l'*Amateur* et le *Coin du feu* marche à grands pas vers d'enviables résultats ; ainsi, du reste, que M. Plassan, qui mérite des éloges pour le *Lerer* et la *Jeune Femme essayant un collier de perles.*

M. Léman commente M. Victor Cousin, non pas M. Cousin professeur, qui jadis, à défaut de philosophie, inventa une méthode de philosophie, mais M. Cousin hanteur de ruelles et amoureux de toutes les coureuses de la Fronde. M. Léman peint « les petits personnages de ce pauvre temps, » dont l'austère philosophe raconte les aventures dans ses agréables romans historiques ; voici le fameux *Salon bleu de l'hôtel de Rambouillet,* avec Julie d'Angennes, et Mme de Longueville qui, suivant Tallemant des Réaux, se lavait si peu les mains, et Mme de Chevreuse, et Chapelain, et Scudéry, toutes les précieuses et tous les cuistres, et Vadius et Trissotin, et Cathos et Madelon ; Corneille, dont on a raccommodé les souliers à la porte, fait une lecture et donne à cette belle compagnie l'occasion de dire son mot sur la protase et l'éditase. Les groupes sont adroitement distri-

bués de façon à mettre les visages en lumière;
la peinture, encore faible, a cependant acquis
plus de modelé depuis le *Duel de Guise et de Co-
ligny;* mais, franchement, cette toile semble
représenter un foyer d'acteurs, un jour de
grande représentation des *Femmes savantes* et
des *Précieuses ridicules.*

Il y a loin du *Pilori* à ce que M. Glaize fait
à cette heure; quel mauvais souffle a donc
passé sur lui? Ses *Amours à l'encan* sont pué-
rils; cette petite facétie à grand orchestre a
d'injustifiables prétentions; il y a des rapports
absolus entre le sujet et la dimension des toiles.
Que signifie cet énorme développement pour
une fantaisie gracieuse, mais dont l'exécution
devait être restreinte à des mesures plus con-
venables et surtout moins ambitieuses? Les
grands tableaux ne constituent pas la grande
peinture, ce serait une niaiserie de le croire.
Devant la boutique d'un changeur est une bonne
idée, mais ce n'est que ça : or, pour frapper
fort, la pensée a besoin d'être revêtue d'une
belle forme, de même que la 'orme pour se
graver dans l'esprit doit être soutenue par la

pensée ; l'une sans l'autre est inutile ; M. Glaize
ignorerait-il cette vérité élémentaire? C'est le
soir, aux clartés du gaz, un Anglais est entré
dans la boutique d'un changeur et, contre des
bank-notes, reçoit des piles d'or et d'argent ; en
dehors, derrière les vitres, les affamés de la
rue, un pâle voyou, une malheureuse prête à
tout et qui vend, au choix, des allumettes ou
des violettes ; une femme amaigrie qui porte
un enfant dans ses bras, une façon de modèle et
de pilier d'estaminet borgne, regardent d'un œil
de convoitise et d'envie ces sébiles regorgeant
d'or, ces liasses de billets de banque, cette joie,
cette bombance, cette fortune. M. Glaize a bien
fait de montrer ce danger qui existe à tous les
coins de Paris et qu'un arrêté de police aurait
dû faire disparaître depuis longtemps : laisser
voir, défendues par une simple glace, à ceux qui
souffrent, qui ont froid, qui ont faim, plus de
richesses qu'ils n'ont jamais osé en rêver, c'est
non-seulement périlleux, c'est coupable. Il est
juste d'avoir des lois très-sévères qui punissent
le vol, mais il me semble qu'il devrait en exis-
ter aussi pour protéger contre la tentation ; or

c'en est une permanente, et la pire de toutes,
que cette exhibition des monnaies chez les
changeurs; elle sollicite les misérables. Qui de
nous n'a pas remarqué souvent de maigres visages stupidement éblouis par les rouleaux d'or
et les portefeuilles gonflés? Un vieux proverbe
dit qu'il ne faut pas tenter le diable; soit; mais
le diable, c'est bien souvent la misère, et on ne
doit pas la tenter non plus. Le remède à cet
ordre de choses est facile, pourquoi ne pas l'ap-
pliquer? Une enseigne aussi développée qu'on
voudra, mais le métal et le papier dans des cof-
fres, au nom de la morale et des pauvres!
M. Glaize a donc eu raison de faire ce tableau;
seulement il eût eu encore plus raison de le faire
bon. Au reste, pour porter sur le talent et les
tendances de M. Glaize un jugement sérieux, il
faudrait que nous pussions voir les toiles qu'il a
peintes depuis cinq ou six ans et dont il n'a
montré au public qu'une assez faible partie.

La petite école des *Pompéistes*, qui pendant
un certain temps a fait parler d'elle, est dans un
désarroi complet; son jeune chef, M. Gérome,
paraît l'avoir abandonnée. M. Hamon sombre,

cette année, la tête la première, dans une sorte
de rêvasserie confuse avec des tableaux qui
n'ont pas plus de dessin que les précédents,
mais qui n'ont plus ni couleur, ni sujet, ni composition ; M. Picou, dans lequel on avait jadis
espéré un moment, paraît vouloir marcher sur
les traces de M. Schopin ; M. Jobé Duval fait un
essai de peinture religieuse qui n'est point heureux ; M. Toulmouche expose des portraits.
Est-ce que, par bonheur, nous serions enfin dé-
livrés des petits Amours, des petites Vénus, des
petites Psychés, des petites Muses, des petits
lupanars et de tout ce dictionnaire de la Fable
obscurci et diminué par des jeunes gens qui ont
bien mal employé, à cette ingrate besogne, le
talent qu'ils avaient acquis ? Dieu en soit loué !
Le danger de cette école, qui cherchait le *joli* au
lieu du *beau*, se dénonce aujourd'hui tout entier
dans les toiles de M. Hamon. Il est impossible
de mettre une exécution moins sérieuse au service de puérilités plus manifestes ; cette pein-
ture-là est tombée en enfance, elle bégaye, elle
ne parle plus, elle dit papa, maman, nanan,
dada, etc. C'est désolant, car à défaut d'un ta-

lent élevé, M. Hamon avait de la grâce et du
sentiment; est-ce qu'avec du travail il ne
pourrait pas réconquérir ses qualités d'autrefois?

M. Gérome aborde cette année les sujets modernes, mais en amateur; il joue les travestis.
La *Sortie du bal masqué* excite une assez vive
curiosité parmi les visiteurs du Salon. C'est un
drame bien composé et placé dans une très-
habile mise en scène. On s'est fort querel-
lés et peut-être un peu souffletés, au galop
final, à propos de quelque hardie débardeuse,
Mlle Mousqueton ou Mlle Baïonnette; encore tout
échauffés de la dispute, on a été chercher des
épées, on a pris une voiture, et en plein bois de
Boulogne, au jour naissant, sur la neige, on s'est
battus. Le Pierrot, frappé en haute poitrine,
s'affaisse entre les bras de Crispin; un *péquin* en
domino le soutient; un noble Vénitien se penche
vers lui avec désespoir, arrachant de sa main
crispée la blanche veste maculée de sang, pendant qu'Arlequin penaud emmène le Sauvage
homicide. Au fond, à travers les froides brumes
des matinées d'hiver, on aperçoit un fiacre

immobile, dont un des chevaux baisse mélan-
coliquement sa tête alourdie par le sommeil.
C'est spirituel et agréable; mais cela vaut surtout par le sujet, car l'exécution est molle dans
l'ensemble et sèche dans le détail; il y a en
outre des tons d'une crudité outrée, ne serait-ce
que ce pan de robe qui est vermillon pur. Les
physionomies sont bonnes et attentivement
étudiées. Le meilleur des tableaux rapportés
par M. Gérome de son récent voyage en Égypte
est celui qui représente des *Recrues égyptiennes
traversant le désert*. Sans faire oublier l'admira-
ble dessin qu'en 1853 M. Bida a exposé, il a des
qualités d'observations remarquables dans les
types divers de ces pauvres Nubiens attachés,
entravés et conduits par d'insouciants Arnautes,
aux gloires du service militaire, à peu près
comme ici on mène les veaux à l'abattoir.
L'effet du sable et des larges traces moirées
qu'y laisse le vent est bien rendu. La *Prière
chez un chef arnaute* est moins satisfaisant. Le
geste, chez les musulmans, fait partie du rituel
dans la prière; or, quand un homme dirige la
prière, et c'est le cas du tableau actuel, tous les

4

assistants mesurent leurs gestes sur les siens.
M. Gérome, qui a évidemment peint de mémoire, aura oublié cette particularité. De plus,
les attitudes sont rigoureuses; en oraison, le
croyant tient toujours les talons rapprochés;
un Arabe qui fait sa prière les jambes écartées
et la main appuyée sur sa ceinture, ou tête nue
et les bras derrière le dos, comme j'en aperçois
dans les personnages du peintre, cela ne s'est
jamais vu. Les souvenirs de M. Gérome l'ont
mal servi. A part cela, les têtes sont plaisantes,
exactes et fines. Mais comment M. Gérome
peut-il intituler *Memnon et Sésostris* le tableau
où sont figurées les deux statues gigantesques
que les Arabes nomment *el Sanamat*? N'est-il
pas triste de penser que Champollion le jeune,
un de nos plus grands hommes, se soit tué à la
peine, et que vingt-cinq ans après sa mort on
va en Égypte et on en revient sans même savoir ce que représentent les deux colosses qui
s'élèvent entre Médinet-Abou et le Ramesseum
occidental? Ces deux colosses sont la statue-
portrait du Pharaon Amenophis III, comme
Champollion l'a découvert, comme chacun l'a

répété après lui et comme, du reste, Pausanias
l'avait expliqué en toutes lettres. La contrée
devant laquelle se dressent ces colosses, les
plus immenses qu'on connaisse, s'appelait en
égyptien *Memnonia* et servait de sépulture aux
castes sacerdotales et militaires. On les a évidemment, sous la domination des Lagides,
nommé les colosses de *Memnonia*, puis ensuite
Memnon; d'où l'erreur qui a duré si longtemps; mais, je le répète, depuis les travaux
de Champollion, elle n'est plus possible, et
M. Gérome n'aurait pas dû la commettre, car
rien n'est plus simple que de lire quelques
éclaircissements sur les sujets qu'on veut traiter. Le colosse recomposé d'assises a seul
conservé son appellation grecque, afin qu'on
puisse reconnaître en ses informes débris celui
qui *chantait* au lever de l'aurore. Quant à Sésostris, il n'en a jamais été question nulle part
à propos des colosses de Gournah. On pourra
trouver ma critique pédante et désagréable;
cela m'importe peu; j'ai cette idée, peut-être
fort baroque, mais très-enracinée, que, pour
bien peindre un sujet, quel qu'il soit, il faut le

connaître, et par conséquent l'avoir étudié.
Les livres ne coûtent pas cher à l'heure qu'il
est; on peut en acheter, et rien n'est sain le soir
comme une bonne lecture. Les artistes ne se
doutent guère des forces et de l'accroissement
qu'ils puiseraient dans l'étude. En outre, je crois
que M. Gérome n'a pas su interpréter l'Égypte.
C'est, par excellence, le pays de la lumière; il
est doux à contempler comme une perle du
plus bel orient. Je cherche en vain dans ces tableaux secs, froids et presque monochromes,
les pures atmosphères, les lointains incalcu-
lables, les nuances profondes que j'ai si souvent et si intimement admirés sur les bords du
Nil, dans ces mêmes sites que M. Gérome
essaye de reproduire aujourd'hui. Si je retrouve
la ligne, je n'aperçois pas la couleur et la suave
clarté. Je m'attendais à mieux, je l'avoue, et je
suis tristement surpris de ce résultat négatif;
en revanche, personne n'a jamais compris et
rendu le dromadaire aussi bien que M. Gérome.

Tous nos lecteurs connaissent la magnifique
ballade de Burger, *le Féroce Chasseur* : « Le
comte a donné le signal avec son cor : Halloh !

halloh ! à pied et à cheval ! » C'est dimanche ;
on part, malgré les cloches qui disent de leur
voix grave : Pensez à Dieu ! on traverse les
chemins au son des fanfares. Tout à coup deux
cavaliers viennent se placer aux côtés du comte,
l'un à sa droite, blanc et beau, l'autre à su
gauche, pâle et terrible. — Il faut prier, dit le
premier. — Il faut chasser, dit le second. —
Bien parlé, réplique le comte. « Harry ! hurra ! il
s'élance à travers champs, à travers monts. »
Un cerf blanc dix cors débouche. On se précipite en tumulte ; des cavaliers tombent sous les
pieds des chevaux. « Qu'ils roulent en enfer ! »
crie le comte. Le cerf s'abrite dans un champ de
blé ; le laboureur se jette aux genoux du comte.
— Écoute sa prière, dit le premier étranger. —
Qu'importe ? dit le second. — Le comte fran-
chit les barrières, et la moisson est ravagée. Le
cerf se mêle à un troupeau ; les deux conseillers
parlent encore ; le berger est déchiré et le troupeau mis en pièces. Le cerf enfin va se réfugier
dans la chapelle d'un ermite, et au moment
où, cédant aux avis du cavalier noir, le comte
va se ruer contre l'humble demeure, tout dis-

paraît; le diable saisit le veneur implacable,
lui brise le cou et lui retourne la tête vers le
dos. Alors du fond du sombre abîme sort une
meute de goules et de démons qui le poursui-
vent et qu'il voit sans cesse dans sa fuite éperdue. « C'est la grande chasse infernale qui du-
rera jusqu'au dernier jour, et qui souvent cause
tant d'effroi au voyageur de nuit. Maint chasseur pourrait en faire de terribles récits, s'il
osait ouvrir la bouche sur de pareils mystères. »

Si Burger vivait encore, il serait heureux de
voir la *Chasse féodale* que M. Henneberg a composée d'après sa ballade, car il est doux pour
un poète d'être interprété de la sorte. Le peintre
a pris la scène au moment où le comte, sourd
aux prières du laboureur, s'élance sur la piste
de ce cerf enchanté qui doit le conduire où
vont les méchants. Seigneurs en costumes éclatants, femmes éplorées, moissons saccagées,
chevaux hennissants et cabrés, piqueurs donnant du cor à se rompre les veines, comme
Roland à Roncevaux; chiens élancés bondis-
sants, troupeaux effrayés, ciel zébré de grands
nuages de formes lugubres, tout est exprimé

avec un entrain, une verve, un emportement
pleins de puissance et d'originalité. Malgré
l'exagération des attitudes imposée par le sujet, M. Henneberg a su toujours rester maître
de son dessin et ne lui a pas un seul instant
permis de s'égarer. C'est bruyant et tempêtueux
sans confusion. M. Henneberg est un nouveau
venu, je crois. Ceci est un heureux pronostic.
De la fougue et de la sagesse en même temps,
la rencontre est rare et méritante.. Le coloris
est excellent et d'une science déjà très-avan-
cée, sûre d'elle-même, connaissant bien la
valeur des tons et leurs affinités électives. Il
y a beaucoup d'avenir chez un peintre qui s'annonce ainsi, car son tableau est en dehors de
toutes les mièvreries, de toutes les imitations
sans hardiesse, de toutes les hésitations maladroites que les débutants nous montrent d'habitude, quelque bonne volonté que nous ayons
de nous illusionner sur leur valeur.

Parmi les nouveaux venus (c'en est un, je
pense), nous devons signaler aussi M. Hellbuth,
qui, sans être tout à fait dégagé de réminiscences, nous fait voir deux bons tableaux. *Poli-*

tesse, un peu flamand peut-être dans la composition et la coloration générales, représente
quelque chose comme deux bourgmestres qui
se font force civilités au bas d'un escalier qu'un
jeune homme et une jeune fille, un peu mous de
contours, ont déjà franchi. Le geste de ces braves gens, si minutieusement polis, est naturel et
dessiné avec esprit par un crayon que les difficultés n'ont pas l'air d'effrayer. A cette toile je
préfère cependant *Palestrina*, quoique l'ordonnance de ce dernier tableau pèche par une disposition très-froide : au milieu, un personnage
de face cantonné sur chaque côté de deux personnages de profil; cette symétrie est au moins
inutile dans un sujet qui n'a rien d'allégorique.
Ici les réminiscences sont plus vénitiennes que
flamandes, tout en laissant au peintre son originalité. Je vois là une jeune fille vêtue d'une robe
vert très-clair dont la nuance s'associe par de
très-habiles transitions à un casaquin bleu
tendre; ce seul petit morceau annonce chez
M. Heilbuth un rare instinct de la couleur et de
ses mystères; mystères qui semblent inexpli-
cables, car jusqu'à présent la coloration est pu-

rement empirique, nul encore n'a su trouver et
fixer ses lois ; et cependant elles existent certainement, comme existe la théorie du dessin,
que, par la perspective des anciens peintres, nous
voyons rester si longtemps indécise. Un savant
distingué a publié sur ce difficile sujet un livre
fort remarquable[1], que nous ne saurions trop en-
gager les artistes à lire et à méditer. M. Adolphe
Gourlier ne pourrait-il aussi faire connaître et
rendre publique sa théorie musicale de la coloration à l'aide de laquelle il a obtenu de si
harmonieux résultats dans ses peintures de
l'église Saint-Eustache ? Pour en revenir à
M. Heilbuth, que cette courte digression ne doit
pas faire perdre de vue, nous dirons que son
Palestrina est bien mouvementé, très-précis
dans la délicatesse des mains et des attaches, et
qu'il y circule un air ambiant plein d'effluves
douces et tranquilles.

Je ne ferai pas à M. Haffner les mêmes éloges
sur le coloris des *Cadeaux de noce;* il est

---

[1] *De la loi du contraste simultané des couleurs et de l'assortiment des objets colorés,* par M. Chevreul, de l'Institut. 1 vol. et un atlas. Paris, 1839.

dur, heurté et violent sans force; les personnages ont de l'aplomb, mais ils sont alourdis par
la manière dont ils sont peints. M. Haffner a du
talent cependant, car parmi ses paysages, en
voici deux : *Bords du Rhin* et *Étang de Meinau*,
qui sont hardiment traités, avec des eaux *vraies*
et non pas en soie chinée comme on les fait
d'habitude; ce qui prouve que lorsqu'il voit
bien, il sait rendre la nature telle qu'elle est, et
en faire ressortir le sentiment dont il a été saisi
en la contemplant.

La préface de *Gil Blas* a fourni à M. Hillema-
cher l'occasion d'une jolie toile intitulée : *les
Deux Écoliers de Salamanque ;* quelques pesan-
teurs de touche se font bien remarquer par-ci
par-là, surtout dans les lèvres et sur les dents
de l'écolier qui rit ; mais, en somme, c'est une
toile honorable et dont on peut être satisfait.

C'est à Cervantes que M. Célestin Nanteuil a
demandé un sujet, et d'Espagne qu'il a rapporté les décors de la *Scène de don Quichotte.*
Le poëte et le soleil l'ont bien inspiré. Les en-
chanteurs sont venus, évoqués par des cheva-
liers félons, et le doux *hidalgo* est enfermé dans

cette grande cage que vous savez et que traînent lentement des bœufs courbés sous le joug. On s'est arrêté près d'une *posada* tout empanachée de pampres et sur le seuil de laquelle l'hôte rubicond apparaît, portant un ventre qui fait envie à Sancho fort occupé, de son côté, à presser une outre à laquelle il va bientôt donner une longue et fructueuse accolade. De belles voyageuses et de jeunes cavaliers regardent curieusement le vaillant amant de Dulcinée désarmé, emprisonné, conduit comme une bête féroce enfin captivée, tandis que lui-même et sans fierté, l'humble héros, il passe la tête à travers les barres du chariot et cause avec une pauvre paysanne. Au fond, comme un océan pétrifié sous la lumière, on aperçoit les solitudes arides de la Manche que ferment dans le lointain les crêtes décharnées d'une âpre *sierra*. Il est difficile de mettre plus de charme, plus de coloris ingénieux et frais au service d'un chef-d'œuvre qu'on veut interpréter.

Les *Chasseurs suivant aux rougeurs un sanglier blessé*, de M. Schützenberger, est une toile qui ne déchoit en rien du *Printemps*, de l'Au-

tomne et des *Pêcheurs des bords du Rhin* que
nous avons vus et applaudis à l'Exposition de
1852. D'un franc dessin et d'un coloris agréable, cette petite composition a le mérite d'être
sincère et de bien représenter ce qu'elle veut.
La terre est blanche de neige (on chasse en tout
temps les animaux nuisibles), un limier tirant
sur sa laisse, malgré les efforts et presque les
raidissements du piqueur qui le suit, flaire la
large trace ensanglanté de la bête blessée ; des
chasseurs se hâtent en escaladant un talus. Le
bois est profond et la neige durcie doit crier
sous les pieds. Je crois que M. Schützenberger
a bien fait de renoncer aux *animaux;* son talent vaut mieux que cela.

M. Schenck débute, ou à peu près ; son essai
n'est pas un coup de maître, mais c'est du
moins un très-louable effort. Il a appelé son
tableau : *la Neige ;* il aurait pu le nommer : *la
Misère.* Une pauvre vieille femme, affaiblie,
brisée par l'âge, les privations et les souffrances,
est sortie de sa hutte pour aller à la forêt voi-
sine chercher du bois mort afin de faire cuire
la soupe et de réchauffer son corps engourdi.

Les huillons rapiécés la couvrent et la défen-
dent mal contre les rigueurs du froid; un
mouchoir à carreaux entoure sa tête ridée; ses
jambes nues sont enveloppées de paille tressée,
mais la bise est glaciale, la neige tombe, la
brume monte et la nuit vient. Sur ses épaules
voûtées, elle a placé le fagot réuni à grand'peine
et, avec toute la hâte que les années lui per-
mettent encore, elle revient vers sa chaumière,
suivie d'un chien, le dernier ami du pauvre.
En route ses forces l'ont trahie, et la fatigue l'a
abattue avec son fardeau, dans la neige, hélas!
et dans la mort. Sa main, crispée par un dernier effort, n'a saisi que le vide; son visage
tuméfié est incliné pour toujours; le vent fouette
en sifflant les mèches grises de ses cheveux.
C'est la misère dans toute son horreur, dans
tout son effroi, dans tous ses enseignements.
Le chien est resté, il lève lentement la tête et
hurle pour appeler un secours qui ne viendra
pas. Le ciel est terrible, bas, chargé de colère
et noir de malédiction; demain le cadavre ri-
gide n'apparaîtra plus que comme une ondula-
tion de la neige, à moins que les corbeaux

voraces qui accourent déjà à tire-d'aile n'aient
su le déchirer malgré son blanc linceul. L'impression est violente devant ce tableau, elle
secoue comme en présence de la réalité. Sa
facture est solide, grasse, avec quelques inexpériences peu inquiétantes chez un homme de
bonne volonté qui doit savoir que le travail
gagne le talent et ouvre l'avenir.

Les peintres anecdotiques ne sont pas très-
nombreux cette année; voici cependant M. Léon
Kaplinski qui, dans la *Dernière Heure de Robak*,
un traître qui se confesse et se dévoile au lit
de mort, nous montre une bonne et très-
sérieuse interprétation de la poésie d'Adam
Mickiewicz. Si un dessin exact, une couleur
chaude, une touche très-ferme et un mouvement vigoureux peuvent donner quelque valeur à une toile, celle-ci est digne qu'on s'y arrête, car elle a toutes ces qualités, et, en outre,
une franchise d'allure qui fait plaisir à voir.

M. Labouchère continue la tâche qu'il s'est
généreusement imposée, de glorifier par la peinture les fastes du protestantisme. Déjà plusieurs fois nous avons eu à signaler dans ses

tableaux une recherche approfondie de la vérité historique; il n'est pas de ceux que l'on peut prendre en défaut, et l'on voit qu'il connaît de sire les sujets qu'il traite. Son *Luther à la diète de Worms* est un tableau consciencieux, bien composé, éclairé d'une façon qui est peut-être trop arbitraire, et très-curieux par le nombre, l'importance et l'exactitude des portraits qu'il contient.

M. Penguilly l'Haridon n'est point heureux cette année; nous nous rappelons de lui, cependant, une *Tempête* qui était fort remarquable, et des *Sonneurs de biniou* qui avaient leur mérite; son *Combat des Trente* est une œuvre d'archéologie plutôt que d'art. Le costume de l'époque y est rendu avec un soin minutieux qui dénote une connaissance rare de la matière; mais le combat a un peu l'air d'une bataille de rois de carreau et de valets de pique; c'est là un défaut inhérent au sujet, je le sais; mais n'aurait-on pas pu trouver moyen de tourner, sinon de vaincre cette difficulté? J'en veux . M. Penguilly l'Haridon d'avoir placé dans un coin, de dos, et comme sacrifié, le sire de Tinténiac;

a-t-il donc oublié qu'il fut le *mieux méritant*
de la journée?

*Un Corps de garde de reîtres (la partie des
chefs)* est le meilleur tableau de M. Jacquand;
la facture est spirituelle et soignée; les groupes,
intelligemment éclairés, se composent bien et,
loin de se nuire entre eux, comme cela n'arrive
que trop souvent, s'expliquent et se complètent
les uns les autres. La couleur vive de tons et savante a tout ce qu'il faut de chaleur pour faire
valoir d'agréables lignes agencées avec adresse
et diverses physionomies heureusement trou-
vées.

Les différentes toiles de M. Ginain et surtout
sa *Mort du général Desaix* et son *Combat de
l'Afroun* annoncent de la facilité, de la préoccupation pour les effets raisonnés, et une exacte
observation du *pioupiou* français. La brosse
paraît encore timide quelquefois et comme
prise d'hésitation, mais je ne désespère pas de
la voir prendre bientôt une fermeté plus agile.

M. Brion avait fait des promesses qu'il ne
tient pas; où s'en vont maintenant les espérances que nous avions dû concevoir après le

Train de bois sur le Rhin? avec les neiges
d'antan, j'en ai peur. Son *Saltimbanque au
moyen âge* est très-recherché et peu trouvé;
c'est d'une mollesse inconcevable; les architec-
tures ont l'air d'être en neige qui commence à
fondre; le contour est indécis et la coloration
inharmonieuse. Je ne sais pourquoi je m'ima-
gine que M. Brion vit dans un voisinage artis-
tique qui lui est défavorable. Un peu de nature
lui fera grand bien! Ce tableau est presque un
échec; il est homme à s'en relever, nous le savons: aussi l'ajournons-nous sans crainte à la
prochaine exposition.

M. Maurice Sand, qui est un coloriste de la
bonne roche et qui s'apprête à porter dignement un nom d'une gloire écrasante, a mis
une vive imagination et un talent déjà sûr au
service des superstitions berrichonnes. Tous
ceux qui ont vécu quelque peu à la campagne,
près des chaumières et dans la familiarité des
paysans, savent les contes de la veillée et les
terribles histoires de lavandières, de grand Four-
chu, de chèvre rouge, de farfadets et de lutins.
Nous rions de toutes ces sornettes au coin

de notre feu, nous qui sommes des civilisés,
des esprits forts, n'ayant qu'une foi très mince
aux revenants et ne croyant guère au superna-
turalisme ; mais ces pauvres gens en tremblent,
dans les grandes solitudes qu'ils parcourent
sans cesse, et où la nature prend parfois, sous
certains rayons de lumière, les formes les
plus sinistres ; ils savent donner un nom et
une légende à tous ces phénomènes qui laissent froids nos esprits imbus de philosophie.
Si, là-bas, au fond de la clairière, à l'angle où
coule ce ruisseau, un léger brouillard se lève
et monte lentement vers la lune, c'est la de-
moiselle blanche, la fille du roi païen autrefois
noyée pour ses crimes, et qui tord le cou aux
voyageurs attardés ; si, près de l'étang, un
vieux saule étend dans l'eau ses bras maigres
et noueux, c'est la *Halleuse*, une méchante
femme qui *lessive* l'âme des morts ; si au matin
on retrouve la crinière des chevaux embrouil-
lée et mêlée de paille, c'est que le follet est
venu les tourmenter pendant la nuit ; le follet, un singulier animal qui a une tête de cé-
toine et dix-huit petites mains agiles comme

des pattes d'écureuil. Chaque province a ses
superstitions particulières ; celles dont je viens
de parler sont du Maine ; celles du Berri les
valent bien et désormais elles sont immor-
telles, car un des plus grands esprits de notre
époque les a, pour jamais, fixées dans ses
œuvres. Vous rappelez-vous la jolie chanson :

Fadet, Fadet, petite Fadet,
Prends ta chandelle et ton cornet ;
J'ai pris ma cape et mon capet,
Chaque follette a son follet !

Nous les savions toutes, ces naïves fables,
maintenant nous les voyons. Le soleil s'est
abaissé derrière l'horizon, il a disparu laissant
après lui une vapeur rouge qui empourpre les
nuages et brille sur la rivière endormie. Contre
un vieux pilotis, du fond des eaux, sort un
homme immense, indécis dans sa forme, ef-
frayant dans sa gigantesque immobilité, c'est le
grand Bissexte ; à sa vue, les pêcheurs épouvan-
tés poussent des cris, s'enfuient et se laissent
choir d'effroi, car il porte malheur à ceux
qui l'aperçoivent. D'où lui vient son nom? de
ce qu'il apparaît surtout pendant les années

bissextiles. C'est au mieux. Cette croyance,
que les années bissextiles sont toujours si-
gnalées par des fléaux, est au reste très-vieille
en France ; elle a même donné naissance au
mot *bissêtre*, qui est synonyme de malheur ;
n'est-ce pas dans *l'Étourdi* que Mascarille dit
ces deux vers :

> Eh bien ! ne voilà pas mon enragé de maître !
> Il va nous faire encor quelque nouveau bissêtre.

Le *Loup-garou* est un très-beau clair de lune,
avec de froids effets bleuâtres et luisants. Le
long du chemin, les saules centenaires agitent
leurs membres contournés ; sur la route, un
paysan se sauve à toutes jambes, à folle terreur,
car il sent sur son dos, cramponné et terrible, le
loup-garou dont la chaude haleine frappe son
visage. M. Maurice Sand a exposé aussi plusieurs dessins sur des sujets analogues ; ils sont
remarquables tous à plusieurs titres ; mais celui
qui représente les *Lupins* nous séduit davan-
tage. Le long d'un cimetière éclairé par la lune,
des loups sont rangés, debout sur leurs pattes
de derrière, la tête levée et le dos à la muraille.

Ils hurlent en regardant la chaste Phœbé avec
des yeux creux, agrandis et brillants de je ne
sais quelle lueur diabolique. Ne les redoutez
pas, ils sont plus braillards que méchants, et
dès qu'ils aperçoivent quelqu'un, ils fuient en
criant : « Robert est mort ! Robert est mort ! » Il
y a, dans ce petit dessin largement enlevé au
crayon de couleur sur papier foncé, une belle
entente de la lumière et des demi-teintes.
M. Maurice Sand aurait pu vivre immobile à
l'ombre de la gloire maternelle ; mais il sait que
noblesse oblige, il a voulu conquérir la sienne
propre, pour lui-même, en dehors de l'héritage ;
il gagne aujourd'hui ses éperons de chevalier
et perpétue une dynastie.

Puisque nous en sommes aux superstitions,
passons en Italie et suivons M. de Curzon à
l'*Escalier de l'église de San-Benedetto*, *près de
Subiaco*. A Rome, en face de Saint-Jean de La-
tran, si mes souvenirs sont fidèles, il existe une
semblable *scala santa* ; ça se gravit à genoux,
degré à degré, en récitant sur chaque marche
un nombre de *Pater* et d'*Ave* indiqué. Les estro-
piés, les infirmes et les incurables qui se livrent

à cette gymnastique sacrée sont certains d'être
promptement remis sur pied. Ce pèlerinage
d'un nouveau genre peut se faire par pro-
curation, et même dans ce cas, s'il est aidé
de quelques copieuses aumônes, son résultat
ne saurait être douteux. C'est souverain pour
les rhumatismes, comme un verre d'eau de la
Salette. Le tableau de M. de Curzon, fort habilement éclairé d'une paisible lumière am-
biante, nous montre la scène avec toute vérité ;
la peinture y est encore un peu plate, en façon
d'aquarelle ; mais il faut penser que M. de Curzon a été prix de Rome pour le *paysage*, et qu'il
y a aujourd'hui grands efforts en lui pour sortir
des mauvais enseignements qu'il a reçus, et
pour attaquer le *bonhomme* avec vigueur. Son
Jardin du couvent, souvenir de Tivoli, est très-
réussi ; la nature y est vraie, quoiqu'un peu
pâle encore, et les moines arrosant, bêchant,
cultivant, ne laissent rien à désirer. Nous préférons ce tableau à *Dante et Virgile sur les
bords du purgatoire*, tenu dans des tons bru-
meux que le sujet n'exigeait pas impérieuse-
ment, et qui a le défaut, par son ordonnance,

de trop rappeler les *Illusions perdues*, de M. Gleyre.

La *Messe pontificale du jour de Noël à Saint-Pierre de Rome*, par M. de Coubertin, quoique d'une composition un peu resserrée, a d'agréables qualités de modelé et de lumière; nous en dirons autant à M. Antoine Dumas pour ses petites toiles espagnoles, et à M. Blanc-Fontaine pour son *Hic jacet mater*, où cependant je vois des mollesses que je ne voudrais pas rencontrer. Le motif est gracieux. Deux petites filles, vêtues de noir, sont auprès d'une tombe empanachée de fleurs, dans un cimetière. Avec l'insouciance de leur âge, l'une dort et l'autre tresse une couronne que sans doute elle accrochera au mausolée où repose sa mère. Le contraste est heureusement trouvé; mais la brosse hésite encore et a besoin d'être courageusement et longtemps maniée pour arriver à être sûre d'elle-même. L'*Intérieur d'atelier*, de M. Ronjat, est peint avec soin, animé comme peut l'être un sujet semblable, varié d'expressions autant qu'il a été possible, et éclairé dans une bonne mesure; mais pourquoi cinq profils

quand on n'a que cinq personnages? La composition a ses lois qui pourraient prendre pour
épigraphe ce vers cité si souvent :

L'ennui naquit un jour de l'uniformité.

M. Jeanron expose plusieurs tableaux dont
un, *Pose du télégraphe électrique dans les rochers
du cap Grisnez (Pas-de-Calais)*, est d'une belle
harmonie et indique une sévère étude de la nature ; j'en dirai autant des *Pêcheurs d'Amble-
teuse*, et surtout de la toile : *Oiseaux de mer*, qui
est charmante.

Nous citerons encore avec éloge les *Rêves
de jeunesse*, par M. Eugène Faure ; l'*Aumônier
blessé*, de M. Tabar, qui est un peintre de race,
et l'*Enterrement à la Trappe*, de M. Foulongne,
qui expose en outre un joli tableau inspiré par
Melænis, le magnifique poëme de Louis Bouilhet,
et un très-bon paysage pris en Auvergne.

Quoique mal placé, trop haut et sous des
jours luisants qui le dénaturent, le tableau de
M. Amand Gautier, les *Folles de la Salpêtrière*,
se fait remarquer par de bonnes conditions de
dessin et de couleur. C'est solide de pâte et im-

pressionnant. J'aime peu l'espèce de trait noir
qui cerne les personnages ; le relief plus vif que
l'on obtient par ce moyen, j'allais dire par cette
ficelle, est de mauvais aloi et ne doit pas tenter
un peintre sérieux. Huit femmes, dont deux
portent la camisole de force, vaguent au milieu
de la *cour des agitées* dans différentes attitudes
toutes bien observées, et montrent dans sa hi-
deur une des plus effroyables misères qui puis-
sent frapper l'espèce humaine. Il faut savoir
gré à M. Gautier d'être resté *vrai* dans ce sujet
et de n'avoir pas fait de la fantaisie, toujours si
facile et si fausse en pareille matière. Il a attentivement regardé la nature et l'a traduite de son
mieux. Il a bien agi, et nous pouvons affirmer,
nous qui avons souvent parcouru la Salpêtrière,
que son tableau est saisi au vif. Je m'étonne que
les peintres n'étudient pas les fous plus souvent.
Ce sont les meilleurs modèles qu'on puisse
trouver ; en effet, ils ne *posent* jamais, ils sont
toujours dans l'exacte réalité de leurs gestes ;
dominés absolument par leurs impressions, ils
s'isolent du monde entier dans la contemplation
intérieure du sentiment qui les étreint ; ils s'a-

bandonnent à leur fureur, à leur joie, à leur
chagrin, avec une persistance que rien ne peut
troubler. J'ai vu là parfois, parmi ces pauvres
femmes, des attitudes de désolation comme
l'antiquité même n'eût pas osé en rêver pour sa
Niobé.

Nous avons beau hésiter, il faut franchir la
petite mer (*Morbihan*) et pénétrer dans cette
terre classique des vieux usages et des costumes
pittoresques que l'on appelle la Bretagne. Nous
y serons, du reste, en bonne compagnie : avec
M. Adolphe Leleux, qui nous montre une *Basse-
cour de cabaret* et de jolis *Enfants effrayés par
un chien;* avec M. Servin, qui nous conduit à
travers la poussière, les vaches et les cochons,
au *Marché de Saint-Dourlo*, et même avec
M. Vidal, le mignard dessinateur des femmes
prétentieuses, qui, cette année, s'essaye à la
peinture à l'huile par un *Braconnier breton*,
très-fin et bien campé, par la *Pluie en Bretagne*, et par des *Paysans de Plouescat*, bien
venus et agréablement peints.

Les peintres ont, en général, une propension
trop vive à embellir la Bretagne, de sorte que,

les romances aidant, nous n'y voyons guère que
des jeunes filles blondes et de beaux jeunes
hommes à longs cheveux; nous nous imaginons
volontiers des ruisseaux coulant sous de belles
cepées d'arbres, et de landes tout juste ce qu'il
en faut pour donner du caractère au pays. La
Bretagne, non point celle de Nantes et de Vitré,
qui participe de l'Anjou et de la Normandie,
mais la Bretagne bretonnante, celle de Rospor-
den, de Penmarck et de Plouharnel, n'est point
ainsi : c'est une terre âpre, presque farouche,
où vit dans la misère et les durs labeurs un
peuple étroit, superstitieux, entêté et systéma-
tiquement inhospitalier à tout étranger, et, pour
lui, l'étranger est celui qui ne parle pas le rau-
que langage des Celtes. M. Charles Fortin semble avoir mieux vu que d'autres cette étrange
contrée, plus pleine que tout le reste de la
France de fées et de revenants. La *Cahute de
mendiants dans le Finistère* est sombre et triste;
c'est bâti, comme un gourbi arabe, avec les
arbres morts, les branches cassées par l'orage,
les pierres du chemin et la terre des champs
délayée par la pluie. Un homme est là, en hail-

lons que la vermine habite, seul comme un lé-
preux du moyen âge, n'ayant d'autre compagnie que celle d'un vieux hibou, nourri ou plutôt mourant de la charité publique. Vers la
pointe du Raz, « que nul n'a jamais franchie
sans peur ou malheur, » près du hameau de
Plougoff, nous sommes entré dans des masures
semblables; pêle-mêle avec les bestiaux, des
hommes y vivaient; des trous creusés dans la
table servaient d'assiettes; on n'y mangeait que
des racines cuites à l'eau, sans sel, et depuis
cinq ans on n'avait pas senti le goût du pain; et
quel pain! d'orge, de son et d'avoine!

Il existe des hommes qui, une fois qu'ils ont
fait un bon tableau, semblent frappés de stéri-
lité. La critique les a tirés de l'oubli; des
amis maladroitement louangeurs les ont grisés
d'éloges, et, de ce moment, ils se contentent de
produire et ne travaillent plus. Est-ce que
M. Duveau ne serait pas un de ces peintres dont
je viens de parler? Il a exposé, en 1852, des
Naufragés et le *Pain bénit*, qui ont affermi sa
réputation déjà commencée par ses *Pestiférés*,
de 1848; mais, depuis ce temps, il est arrêté et

comme noué. Il se fie trop, croyons-nous, à la
prestesse fort remarquable de sa brosse; faire vite
et donner à ses compositions une certaine tournure lui suffit; il ne cherche plus; or, quand on
ne cherche pas, on risque fort de ne point trouver. Le *Droit de passage* n'est, franchement, pas
bon ; c'est terne de couleur, hâtivement bâclé
et sans aucun souci de l'art. J'aime mieux son
Viatique, scène désolée, rapide et sinistre, dont
l'effet n'est pas entièrement atteint. C'est presque satisfaisant, mais nous sommes en droit
d'exiger de M. Duveau qu'il fasse tout à fait
bien ; cela lui sera facile le jour où il le voudra
sérieusement. M. Luminais peut prendre sa part
de ces reproches ; rien encore n'a surpassé son
Pâtre breton et ses *Chercheurs de crabes*, de
1852. L'éloge est sain lorsqu'il soutient, mais,
lorsqu'il monte à la tête et enivre, il est dangereux et reste comme un regret sur la conscience
de celui qui l'a formulé. Le *Pâtre de Kerlat* n'aurait pas dû sortir de l'atelier. Quant au *Pèlerinage*,
si je retrouve ce ciel nacré où le jeune peintre
excelle, j'y vois, par triste compensation, des
terrains en terre glaise, des lourdeurs de touche

au moins inutiles et un laisser aller dans la facture des têtes qui ne peut convenir d'aucune façon. La nature offre aux yeux un ensemble et des détails, surtout dans les figures, et ne s'occuper que du mouvement et, pour ainsi dire, de l'aspect général, c'est s'affaiblir volontairement et s'enlever, de propos délibéré, des ressources dont on doit tirer parti. M. Luminais est jeune, il sait, il est maître de son pinceau ; c'est une sorte de poète souvent bien inspiré ; est-ce qu'il ne nous prouvera pas bientôt que nous avons eu raison d'avoir en lui une ferme espérance ?

M. Amédée Guérard procède directement de M. Adolphe Leleux dans sa manière de voir et de rendre. Son *Jour de fête en Bretagne* semble presque un pastiche attiédi ; la couleur est plus molle et comme plus délayée ; elle est timide encore et semble ne pas oser s'accuser plus franchement. En revanche, l'action est vive et le mouvement plein d'entrain et de joyeuse humeur.

Les toiles de M. Alexandre Guillemin ont toujours un charme profond qui attache et qui plaît à défaut de force. Le *Premier Pas* est un

très-joli tableau d'intérieur ; j'en dirai autant du
Colporteur. Le cercle où tourne M. Guillemin
depuis longtemps déjà est étroit, il est vrai ; il
le ramène souvent aux mêmes sujets interprétés
d'une façon peu dissemblable ; mais c'est déjà
beaucoup lorsqu'on peut dire :

Mon verre n'est pas grand, mais je bois dans mon verre.

Le *Sauvetage à Guisseny*, par M. Yan Dargent,
est une scène lugubre, un peu grise de tons,
mais parfaitement composée. Du haut des
rochers sombres d'une falaise qui plonge ses
pieds de granit dans une mer furieuse, des pêcheurs ramènent à l'aide d'une gaffe une femme
noyée, qu'ils hissent à grand renfort de bras.
Si la couleur de ce tableau n'était trop sourde
et surtout froide, on aurait à le louer sans ré-
serve.

M. Trayer aussi, un de nos meilleurs peintres
intimes, a été en Bretagne, car nous voici avec
lui au Finistère, dans l'*Intérieur d'un marché
aux grains* (*jour de grand marché*). C'est
exécuté supérieurement. Toutes les petites
paysannes assises sur les sacs de blé, avec

leurs jolies coiffes blanches qui les font ressem-
bler de loin à un champ de liserons fleuris, sont
ravissantes de fraîcheur, de jeunesse et d'élégance ; le soleil brille sur cette foule bariolée et
illumine tous les visages. Je ne parle pas de
l'habileté de M. Trayer ; nous l'avons tous ad-
mirée trop souvent pour qu'il soit besoin d'en
dire encore quelque chose.

Avec M. Laugée, nous quittons la patrie des
pierres druidiques et nous rentrons en pays
civilisé. Si sa coloration n'était pas trop légère
et blafarde, M. Laugée aurait bien du talent. Il
y a de la naïveté et de l'observation dans ses
petites compositions ; elles sont très-coura-
geusement disposées en plein air et indiquent
un véritable sens de la nature. Le *Déjeuner du
moissonneur* et le *Pas de la porte* sont deux
petits motifs gracieux, bien dessinés, bien compris, mais où j'aurais voulu voir un modelé plus
franc, et qui avaient besoin d'être relevés par
une exécution solide. Tout s'acquiert avec le
temps et le travail. Quand les qualités sont en
germe et qu'il ne s'agit que de les développer,
il ne faut jamais désespérer.

Les peintres belges, peintres de genre par
excellence, nourris des traditions flamandes
élargies aux études françaises, attirent les yeux
par un certain nombre de tableaux où l'habileté
matérielle atteint des proportions inquiétantes,
car où le *métier* est si fort, l'art n'a plus
grand'chose à faire. M. Alfred Stevens est celui
de tous que nous aimons le mieux, il est moins
méticuleux que la plupart de ses compatriotes;
il a une certaine largeur dans la facture, et l'on
sent, en examinant ses œuvres, que le cerveau
y a presque autant de part que la main; cette
voie est bonne et l'on peut y rencontrer de du-
rables succès. *L'Été* et *Chez soi* sont deux jolies compositions d'intérieur, où la science de
mise en scène a été employée dans une juste
et pas trop minutieuse mesure. *La Consolation*
est à bon titre un des *lions* de l'exposition ac-
tuelle. C'est fort simple. Dans un salon d'aujour-
d'hui, orné d'une grande tapisserie faisant por-
tière et meublé d'un canapé en soie jaune, trois
femmes sont assises; l'une, vêtue de mousse-
line blanche lisérée de rose, reçoit deux amies
en grand deuil, une mère et sa fille, l'une veuve

et l'autre orpheline. La douleur de ces dernières, douleur contenue, convenable, comme il sied quand on est du monde, est exprimée avec une étonnante connaissance du sujet; elles reçoivent quelques paroles de consolation banale dites par la maîtresse de la maison avec un air de circonstance où la politesse a manifestement plus de part que le sentiment. Je ne sais quoi de triste, répandu sur toute la scène, voile comme une brume de deuil tous les personnages et semble avoir déteint sur les meubles et la fraîche toilette. Malgré ces tons crus, noir, jaune et blanc, cette petite toile est harmonieuse et agréable aux yeux; moralement, elle dit tout ce qu'elle veut dire, comme du reste un autre tableau que le même peintre a intitulé: *Petite Industrie*. Le décor, c'est un coin de rue où s'ouvrent un magasin de modes et une boutique d'orfévrerie; à côté de ces richesses et de ce superflu, deux malheureuses étalent une humble misère. L'une, la mère sans doute, debout, dans des vêtements sombres, triste livrée de la pauvreté, la tête entourée d'un mouchoir placé en mentonnière, tient à la main des calepins

qu'elle cherche à vendre; l'autre, la fille, gre-
lottante et mal couverte, accroupie et resserrée
sur elle-même, laisse voir sa figure dolente,
ses mains gonflées et ses pieds insuffisamment
défendus par des souliers trop troués. Ces idées-
là sont bonnes à mettre au jour sous toutes les
formes, et M. Stevens ne pourra qu'ajouter à
son talent en se faisant leur avocat dans la peinture.

M. Dillens est plus gai; il aime le soleil,
les kermesses, les paysans cossus, les fermes
grasses et les belles paysannes enrubannées;
il connaît bien les pays et les types qu'il
peint, et ses deux toiles, le *Marchand de com-
plaintes* et l'*Intérieur d'une ferme*, seraient
fort bonnes si sa brosse avait parfois plus de
vigueur.

Le satin a dans M. Florent Willems un apôtre
d'une ferveur extraordinaire; ses tableaux ne
sont jamais, pour lui, que des motifs à étoffes;
il peint des robes, et c'est accessoirement et
pour obéir à l'habitude qu'il y introduit quelques personnages. Le satin a du bon, j'en con-
viens, mais il ne faut pas en abuser. Or la robe

que M. Willems nous montre aujourd'hui dans ses quatre petits tableaux, nous l'avons déjà vue souvent : de face, de profil, de trois quarts, de dos ; mais c'est toujours la même ; il me semble même qu'elle a perdu de sa fraîcheur, que ses reflets sont moins purs et que ses plis sont devenus quelque peu lourds.

M. Baron aussi fait des vestes de satin, mais elles ne servent qu'à habiller les figures ; le *Retour du jeu de paume* est d'une allure de franchise qui plaît, d'une exécution très-solide et beaucoup moins maniérée que beaucoup de tableaux du même peintre ; c'est assurément une de ses meilleures productions.

Le *Pygmalion* de M. Tassaert appartient à la famille des Prudhon et j'oserai même presque dire à la lignée du Corrége ; la fraîcheur des chairs, la grâce du mouvement, la limpidité des ombres donnent à cette toile une importance que ne peut même diminuer la *Mort de la Madeleine*, conçue, de parti pris, dans des colorations trop blafardes.

J'adresserai aussi la même observation à M. Cals, qui a cependant un précieux sentiment de la pose et de la vérité ; la *Jeune Mère*, que je préfère au *Lever*, serait irréprochable si la touche était moins lâchée et la couleur moins terne. Quant au mouvement, il est d'une exactitude et d'un charme rares.

Parmi les peintres intimes, nous citerons M. Marchal, qui, dans la *Fête de la mère*, a fait une jolie toile pleine de talent et d'émotion ; M. Vialle, dont *la Veuve* se recommande par des qualités qui ne demandent qu'à grandir ; et M. Bonvin, qui, dans les *Forgerons*, semble avoir peur de la lumière et rend ses personnages un peu mous à force de vouloir les peindre largement.

Le *Vigneron* de M. Hanoteau est un bon ivrogne, placé dans son cellier, au milieu de ses chers tonneaux lie de vin, éclairé par le jour discret de la cave, bien campé et peint en pâte ; M. Hanoteau expose en outre deux paysages : les *Prés de Charancy* et un *Etang dans le Nivernais*, qui sont tout à fait agréables.

Pour la bonne bouche, j'ai gardé M. Édouard Frère, dont l'habileté croît tous les jours, qui est, à cette heure, très-maître de sa main, et qui, sous le titre de *le Repas*, expose un des plus charmants tableaux d'intérieur qu'on puisse imaginer. Les têtes sont fines et animées d'une mobile expression; le coloris savant, sans être cherché, le dessin d'aplomb et sûr de lui, concourent à donner à cette petite composition une valeur sérieuse; ses autres toiles, la *Sortie du bain*, les *Images*, le *Lever*, etc., etc., quoique moins importantes, n'en sont pas moins dignes de fixer l'attention.

Chacun se rappelle la fable de Phèdre :

Mons parturibat, gemitus immanes ciens;
Eratque in terris maxima expectatio;
At ille morem peperit.

Eh quoi! c'est là cette *Léda* pour laquelle M. Galimard a fait tant de bruit! C'est pour cette chose qu'il a dépensé tant de réclames et tant de *puffs*! C'est à n'y pas croire! Le sujet, déjà scabreux par lui-même, est compris d'une façon un peu vive. Les vrais artistes sont chastes,

je suis donc médiocrement surpris que M. Galimard ne le soit pas. Sa peinture en elle-même
est malsaine, lymphatique; quelque chose
comme un mélange de la manière de M. Lhe-
mann et de celle de M. Schopin, le tout délayé de
tons jaunes et butyreux. Il y a quelques recherches de beauté dans le profil, d'expression dans
l'œil du cygne, mais l'ensemble est désagréable par son excessive mollesse; que M. Galimard emploie à se fortifier le temps qu'il passe
à rédiger ses réclames et à arranger ces fameux
petits drames qui font sourire, et tout le monde
y gagnera.

Pour passer de M. Galimard à M. Courbet, la
transition est facile, car ces deux peintres ont
entre eux plus d'un point de ressemblance; tous
deux ils ont voulu forcer la renommée à l'aide
de moyens peu louables; tous deux, poussés
par une vanité sans exemple, croient, non pas
à leur talent, mais à leur génie; tous deux, à
l'occasion des sujets insignifiants qu'ils mettent
sur toile, parlent volontiers de cycle antique,
de cycle moderne; ils se servent de mots ron-
flants dont ils paraissent ne pas bien compren-

dre le sens, et font de tels efforts pour imposer
leur personnalité boursouflée que le public se
tient en garde contre eux. Beaucoup de bruit
pour rien. Ils n'ont rien inventé, ni l'un ni l'autre, si ce n'est l'application de la réclame aux
arts et l'emploi de la quatrième page des journaux au profit de leur besoin de publicité. Cet
exemple mauvais a été suivi, malheureusement.
Plusieurs artistes, que je ne veux pas désigner,
ont pris cette habitude d'envoyer des cartes im-
primées à des personnes qu'ils ne connaissent
absolument pas, pour les prier d'aller voir leurs
œuvres chez eux, dans leur atelier. Le *Dictionnaire des vingt-cinq mille adresses* fournit les
renseignements, la maison Bidault distribue les
invitations et le tour est fait. C'est puéril et de
mauvais goût. Ce n'est point par de semblables
moyens qu'on tire son nom de l'oubli ; ce résultat, si ambitionné par tous les ouvriers de
l'art, s'obtient en travaillant beaucoup et en
exposant de belles œuvres. La critique, lors
même qu'elle est complice de ces *boniments
artistiques*, est impuissante à élever une sérieuse réputation. Il y a une vingtaine d'années

elle s'est évertuée à grand fracas pour imposer
M. Gigoux; voyez, aujourd'hui, à ce Salon
même de 1857, ce qu'il est devenu et ce qu'il
fait.

Cette année, M. Courbet, mieux inspiré qu'en
1855, n'a pas ouvert boutique de tableaux, n'a
point collé d'affiches sur les murs de Paris et
h'a pas fait d'annonces dans les journaux; nous
pouvons donc nous en occuper. Indépendam-
ment de quatre tableaux, il expose un portrait
qu'il eût mieux fait de garder chez lui. Si l'habileté matérielle suffisait en art, M. Courbet ne
mériterait que des éloges, car il peint *matériel-
lement* comme depuis longtemps on ne peint
plus en France; il faut remonter à Valentin pour
trouver une fermeté de pâte, une vigueur de
tons et une solidité de brosse semblables; c'est
beaucoup assurément, mais ce n'est pas assez;
chez lui la main est d'une inconcevable habileté, mais l'âme manque absolument, cette âme
qui constitue seule l'artiste et qui sort, comme
un charme invincible, des tableaux de M. François Millet. La peinture de M. Courbet est très-
habile et trop savante peut-être, car elle n'ignore

6.

aucune des *ficelles*, aucun des *trompe-l'œil* con-
nus. Sous une apparence de naïveté tranquille
et paysanne, elle est essentiellement corrompue
et vise à l'effet *per fas et nefas*; elle y parvient
souvent, mais cet effet n'a rien que de physi-
que et d'extérieur. On regarde les tableaux de
M. Courbet avec étonnement et curiosité, comme
on regarderait une tapisserie bien faite ou des
persiennes bien peintes, mais voilà tout; en
eux rien n'émeut, rien ne trouble, rien ne vit ;
quels que soient ses sujets, c'est toujours de la
nature morte. Les *Demoiselles du bord de la
Seine* sont deux créatures qui, sans doute, sont
sorties le matin même de la rue de Lourcine, et
qui, dans huit jours, y retourneront. Elles sont
vautrées sur l'herbe, près de la rivière. L'une,
appuyée contre un arbre, dort en soutenant sa
tête avachie sur un gros bras mollasse; l'autre,
couchée, aplatie sur le ventre, la tête et les bras
par terre, montre au spectateur un visage verdâtre et malsain troué de deux yeux impudents
et orné de cheveux noirs. Ces deux espèces,
d'un dessin plus que douteux, apparaissent
comme un paquet d'étoffes, très-réussies du

reste, d'où sortent des pieds, des bras et des têtes ; le corps est absent, point d'anatomie ; c'est un ballon dégonflé. Le bras de la femme couchée, le châle qui recouvre les parties absentes de son corps sont des chefs-d'œuvre d'adresse et prouvent que si M. Courbet n'avait pas de parti pris, il pourrait devenir un peintre sérieux. Pour établir une agréable harmonie avec ses premiers plans verdâtres, M. Courbet a point la Seine en bleu ! La Seine azurée ! aux bourbeux environs de Paris ! O réalisme, voilà de tes coups ! La *Biche forcée à la neige* est une facile petite toile qui représente un fait déjà lointain, car, depuis la loi du 3 mai 1844, on ne chasse plus en temps de neige ; de plus, cela me paraît être de pure fantaisie, et les chiens en baudruche qui suivent une piste le nez en l'air me font penser que M. Courbet n'a jamais chassé ; il n'y a là que demi-mal ; mais je croyais que les réalistes ne peignaient jamais que ce qu'ils voyaient. La petite biche est bien touchée, du reste, et le paysage, blanc, troué par quelques verts bouquets de taillis, est très-heureux. La *Curée de chevreuil* est une bonne

étude de nature morte et un bon dessous de
haute futaie; le chevreuil, attaché par une patte
à une branche et flairé par deux chiens d'une
espèce particulière sans doute, car ils ne sont
ni courants ni couchants, est exécuté d'une
façon extraordinaire; il est lourd, on sent son
poids, son pelage est réel; mais que dire des
chasseurs cernés de noir, l'un trop grand, l'autre trop petit, et dont ce dernier, par un effet
de perspective absolument manqué, paraît être
au quatrième plan, tandis que le peintre l'a
placé au second? En revanche, le pavillon de
la trompe dont il sonne pourrait faire illusion.
Quant à la lumière, M. Courbet n'y entend pas
grand'chose, et dans toutes ses toiles on ne sent
jamais que le *jour* d'atelier. Les *Bords de la
Loue* restent le meilleur tableau de M. Courbet;
la nature y est réellement et non pas réaliste-
ment exprimée. M. Courbet est un peintre de
paysage et d'attributs, je le crois. Son habileté
est notoire, nous venons de le dire; son dessin
laisse souvent beaucoup à désirer; il a à son
service une main qui peut beaucoup, mais le
cerveau est absolument absent; il voit et ne

regarde pas. Il ne sait ni chercher, ni composer,
ni interpréter ; il peint des tableaux comme on
cire des bottes ; c'est un ouvrier de talent, ce
n'est pas un artiste.

———

IV

PAYSAGES. — MARINES.

Si la France n'avait aucun peintre d'histoire qu'elle pût opposer à MM. Kaulbach et Owerbeck ; si nos peintres de genre luttaient avec peine contre ceux de l'Angleterre et de la Belgique, il est juste de convenir que nul, au delà d'aucune frontière, ne nous disputait notre supériorité dans le *paysage* : or il nous arrive cette année, de pays étranger, un débutant qui nous menace, et pourrait finir par nous vaincre, si nous n'y prenons garde. M. Xavier de Cock est un Belge, et il s'annonce d'emblée comme un maître futur. Il a évidemment profité des grands efforts accomplis par M. Troyon ; il n'a pas encore la largeur et l'ampleur de l'artiste français

il n'a pas son expérience, cela se voit ; mais la
qualité de sa couleur a quelque chose de plus
rare et de plus fin ; ses horizons ont des lointains plus harmonieux, et je vois une séve
humide et puissante qui monte, comme une vie
profonde, dans l'herbe de ses prairies. La structure
ture de ses animaux laisse encore à désirer,
leur dessin a des incorrections et leurs têtes
sont généralement lourdes ; mais du moins leur
attitude est parfaite, et c'est bien là cette mé-
lancolie, j'allais dire cette pensée, qui sort de
leurs yeux noirs lorsqu'ils vous considèrent de
leur regard contemplatif et rêveur. Les trois
tableaux : *Vaches dans une prairie*, *Vaches traversant des prairies*, *Vaches à l'abreuvoir*, indiquent un talent élevé, un amour sincère de la
nature et une science peu commune de la lumière ; quelques tons variés, habilement distri-
bués çà et là, feront fuir les terrains et donne-
ront à leur perspective plus d'étendue ; le
dessin se rectifiera par l'étude et l'observation,
la prédisposition à abuser des *glacis* fera place
à une facture plus serrée, et alors l'art comptera
un solide champion de plus. Contrairement à la

plupart des paysagistes, M. Xavier de Cock traite bien la figure ; dans ses *Vaches dans une prairie*, il y a un groupe d'enfants, et surtout une jeune fille blonde couchée sur le dos, que nul peintre de genre ne renierait. Soldat inconnu hier, M. Xavier de Cock est à cette heure un capitaine ; les grosses épaulettes sont réservées à ceux qui savent les gagner ; à bon entendeur, salut !

Les tableaux que M. Daubigny expose sont, de lui, les meilleurs que nous ayons encore vus ; ils sont suffisamment peints, toujours un peu légèrement peut-être, mais du moins ce ne sont plus des esquisses comme ce que nous avions regardé aux dernières expositions. M. Daubigny est, avant tout, un peintre de sentiment. Il excelle à rendre son impression, et à la communiquer au spectateur ; le jour où son *faire* sera un peu plus vigoureux, il sera un artiste tout à fait hors ligne. Son *Printemps* sent les foins verts et la fleur des pommiers ; les insectes fraîchement éclos se glissent sous les herbes ; au milieu des arbres, les oiseaux s'appellent ; de suaves parfums émanent de la terre humide ; on respire près de ce tableau. La *Vallée d'Optevoz* est, de

toutes les toiles de M. Daubigny, celle qui nous
attire le plus. C'est la nature avec sa grandiose
simplicité et sa force invincible ; quelques mon-
ticules au loin, un large ruisseau d'où émerge
la blanche tête des nénufars et que verdit la
tige flexible des roseaux et des glaïeuls. C'est
fort beau, avec des plans dégradés par un art
infini. Je ne vois guère dans quelle collection
un semblable tableau serait déplacé.

Sous le titre de : *une Belle Journée d'hiver*,
M. Français vient d'accomplir un tour de force,
presque un chef-d'œuvre, dont le dessin est
d'une magistrale pureté. La terre est blanche de
neige et le soleil reluit ; il fait froid, il gèle, et
cependant, sous la lumière plutôt que sous la
chaleur, la neige commence à fondre dans la
prairie en découvrant de larges plaques d'herbes vertes et vivantes. Au loin, on aperçoit un
coteau où des pommiers dépouillés de feuilles
allongent leurs ombres bleuâtres sur les blan-
cheurs qui les environnent. Au premier plan,
des saules courbent leurs baguettes flexibles ;
l'horizon clair se perd sous le ciel d'un bleu
grisâtre si vrai, qu'il vous fait frissonner. Les

difficultés que M. Français a dû vaincre pour
arriver à un si précieux résultat sont incalcu-
lables. C'est très-franc d'allure et n'a rien de
commun avec ces effets de neige à la Male-
branche, qui sont restés comme un des plus
singuliers souvenirs de notre enfance. La touche largement ferme de M. Français donne à la
facture de cette toile un mérite de plus et la
classe au premier rang des paysages de ce
Salon. En regard, et comme en opposition, il
a exposé un *Souvenir de la vallée de Montmo-
rency*, qui est un écrin plein d'émeraudes et de
saphirs ouvert au soleil.

M. Français sait varier ses effets, il ne recom-
mence pas toujours le même tableau; il a compris que la nature avait des aspects multiples
qu'un peintre doit apercevoir, étudier et rendre
s'il veut que l'on compte avec lui; l'exemple
qu'il donne devrait bien servir à M. Anastasi,
qui, sous prétexte de Meuse, de Sprée, de
Hollande et de soleil couchant ou couché,
refait toujours la même toile depuis plusieurs
années, sauf *un Matin en été*, qui est d'un
gris de souris assez plaisant. On ne peut que

se répéter en parlant de ses tableaux, comme
il se répète lui-même.

L'*Intérieur d'une garenne* et le *Pont rompu*
de M. Desjobert, finement touchés, bien aérés
et d'un exquis sentiment de la nature, accusent
les progrès faits par ce peintre, qui est incon-
testablement un de nos luminaristes les plus
distingués. M. Lambinet s'empâte peut-être un
peu trop maintenant ; il faut un certain objectif
pour trouver l'effet réel de ses toiles ; celle que
nous préférons est : *Au mois de mai*. M. Théo-
dore Rousseau reste très-maître de sa manière ;
il joue en professeur de la lumière avec les
difficultés du soleil ; sa *Matinée orageuse* et sa
Prairie boisée au soleil couchant indiquent qu'il
n'a rien perdu de sa force ; mais son *Hameau
dans le Cantal, crépuscule*, laisse loin derrière
lui ses autres tableaux de cette année. C'est un
prodige d'exécution et de hardiesse. Tous les
premiers plans déjà envahis par la nuit sont
dans l'ombre, ombre profonde, mais assez
transparente cependant pour laisser distinguer
des terrains rugueux et quelques masures dont
les cheminées soufflent un mince filet de fumée

bleue; au-dessus s'étend une bande de ciel verdâtre, pommelé de nuages rouges encore colorés par le soleil déjà disparu. Nous avons tous vu, à la campagne, des effets semblables; mais je doutais qu'il se trouvât un homme assez sûr de lui pour oser les transporter sur la toile. Décidement certains artistes sérieux sont pareils à ce fameux Gusman qui ne connaissait pas d'obstacle.

Si M. Rousseau connaît les mystères du crépuscule, M. Francis Blin n'ignore pas les finesses de l'aube; sa *Vue prise en Sologne* est très-remarquable et d'une étendue peu ordinaire; c'est vaporeux, nacré et d'un sentiment profond de vérité. Les paysages de M. Lafage, *une Plaine, Pacage limousin, Bord de l'eau*, sont peut-être encore un peu lourds de tons; mais ils ont un grand charme, de vastes horizons et des lignes plaisantes; ils sont d'une tristesse attrayante, qui est comme une rêverie de la nature. Le *Soleil couchant, une Crue en décembre*, de M. Lavieille, est bien papillotant et n'a pas, il me semble, cette calme sérénité que nous aimions en lui. Nous en dirons autant à M. Ziem.

qui, malgré les avis qui ne lui ont pas manqué,
fouaille ses tons de telle sorte que maintenant
on prendrait volontiers ses tableaux pour des
tapis de soie effiloquée ; la *Place Saint-Marc de
Venise, pendant une inondation*, vacille aux
yeux et fatigue par cet abus de la couleur qui
n'a plus aucune harmonie et qui paraît étalée
arbitrairement, au hasard du pinceau. M. Ziem
s'épuise et s'éteint dans ces recherches inutiles,
et, à ce Salon, il ne saurait lutter contre M. Van
Moër, qui s'annonce comme un élève direct et
un continuateur émérite de Canaletto. Le *Canal
de Saint-Jean-Saint-Paul*, la *Porte d'entrée du
palais ducal*, l'*Intérieur de l'église Saint-Marc*,
sont les vues les plus expressives et les plus
vraies de Venise qu'on puisse regarder. L'*Intérieur de l'église Saint-Marc* nous a surtout séduit par sa franchise et sa très-louable sincérité ; en dehors de l'extrême exactitude, c'est
peint à faire envie. La *Grande Place de Prague*
et le *Souvenir de Nuremberg*, de M. Auguste
Mathieu, sont de bonnes toiles d'un coloris
doux, d'un dessin serré et d'une très-habile
perspective.

Les *Intérieurs de forêt* de M. Bodmer, quoique très-embus, sont agréables au regard et
d'une très-sérieuse exécution. J'en dirai autant
de l'*Effet d'automne*, de M. Louis Ménard, et
des *Landes aux environs de Mont-de-Marsan*, du
Chemin dans les Landes et des deux autres paysages de M. Papeleu, dont la brosse grasse et
l'entente de la lumière savent donner à ses tableaux quelque chose de plantureux.

Si nous voulions citer tous les paysagistes qui
ont exposé des œuvres recommandables, il
faudrait les citer tous; bien peu ont déserté la
bataille. Voici M. Corot, qui, surtout dans une
Nymphe jouant avec l'Amour, prouve qu'il n'a
rien oublié de ses charmantes et suaves facultés;
M. Achard, un amoureux de la nature, avec une
très-bonne *Vue prise à Anvers*; M. Cabat, le
maître et le premier apôtre du paysage moderne, qui a deux excellents et lumineux tableaux : l'*Ile de Croissy* et les *Bords de la
Seine*; voici M. Aivasovski avec des paysages
russes étranges et dignes d'attention; M. Char-
din qui, dans son *Étude de chênes*, s'inspire, en
la réchauffant, de la manière de M. Dupré;

M. Paul Gourlier, dont la *Journée d'automne* et
le *Soleil couchant à Seineport* attestent l'a-
dresse et le talent ; voici M. Borget qui nous
montre le *Bengale* dans un tableau un peu em-
pâté et où le travail de l'os de sèche apparaît
trop ; la même observation revient de droit à
M. Grésy, dont le *Site à Camaret* a cependant
une remarquable entente de la clarté ; voici
M. Saint-Marcel qui, dans l'*Aventurier* et la
Gorge aux loups, me semble, malgré une originalité hors de doute, avoir des réminiscences
trop directes de M. Bodmer ; voici M. Busson,
dont, malgré quelques lourdeurs, le *Gué aux
environs de Montoire* est d'une franche et forte
peinture ; voici M. Doré, dont chacun a admiré
le *Juif errant* et les *Illustrations de Rabelais*,
qui exposé un *Torrent* d'une couleur et d'une
facture très-personnelles ; voici M. Cocquerel,
qui a pris dans la *Forêt de la Guerche* un beau
paysage humide et éclairé savamment par les
lueurs du soleil couchant, et M. Castan, dont la
Vue de Regny (*Savoie*) est un effet matinal vive-
ment mené à bien.

Quelques paysagistes, en donnant une impor-

tance qui n'a rien de secondaire aux figures
mêlées à leurs paysages, appartiennent presque
à la peinture de genre ; tels sont MM. Edmond
Hédouin, Breton et Harpignies.

M. Hédouin se développe chaque année da-
vantage ; il augmente sa personnalité et ne peut
que grandir en suivant imperturbablement sa
route, sans se retourner en arrière vers M. Adolphe Leleux, dont la réminiscence le poursuit
encore quelquefois et qu'il a eu, pendant longtemps, une si persistante propension à trop
imiter. Aujourd'hui, ses *Glaneuses surprises
par l'orage* sont bien à lui, et c'est pour cette
raison, sans doute, qu'elles sont, jusqu'à nouvel
ordre, son meilleur tableau. C'est très-simple et
sans *poncif ;* point de foudre en zigzag, point de
mère abritant son enfant dans son sein « pro-
tecteur, » point de vieillard chauve levant vers
le ciel « ses mains éplorées, » point de mise en
scène ridicule et surannée. Des femmes atta-
quées par un orage subit au milieu des champs
se sauvent en emportant, sur leurs têtes et leurs
épaules, les javelles de blé qu'elles ont recueil-
lies. Entre les nuages sombres et chargés d'élec-

tricité, un aigre rayon de soleil s'est glissé et
brille sur les terrains moissonnés qu'il éclaire
d'un reflet aigu. Seuls, les premiers plans paraissent encore lâchés plus qu'il ne convient;
mais l'exécution de toute la composition est,
quant au reste, à l'abri de reproche. Toutes
paysannes vraies qu'elles sont, débraillées et
rapides, les faneuses ont de grandes tournures;
elles sont d'un dessin très-consciencieux et
d'une bonne couleur bien saine, évidemment
inspirée par la nature. Les fonds, où s'aperçoivent les basses maisons d'une ferme, sont d'une
perspective très-habile, qu'on jugerait certainement mieux encore si cette toile était appuyée sur la cimaise, c'est-à-dire à sa vraie
place. Les quatre autres tableaux de M. Hédouin, la *Chasse*, la *Pêche*, l'*Agriculture* et
l'*Horticulture*, font reconnaître qu'un homme
de talent peut, en ne tenant compte que de la
vérité, faire des œuvres estimables sur ces
sujets usés, sans avoir recours aux allégories,
aux mythologies et autres inutilités dont il serait vraiment temps de se débarrasser une bonne
fois pour toutes.

La *Bénédiction des blés*, de M. Adolphe Breton, représente une procession qui circule dans un sentier tracé à travers les épis élevés et jaunissan. Tous les notables du village, vêtus de leurs lourds habits du dimanche, sont de la partie; les jeunes filles en blanc portent la statue de la Vierge; le curé suit, en costume d'office; les bonnes femmes s'agenouillent sur le passage de ces choses saintes, et le garde champêtre, tricorne en tête et sabre au poing, fait ranger les indiscrets. Au loin s'étend un village dont on voit les premières maisons et la verdure. Le soleil frise sur les personnages et les cerne d'une lumière criarde qui n'est point de bon effet; en 1855, M. Breton avait exposé un paysage où le même défaut se remarquait; il faut y veiller; beaucoup de tous violets trop rapprochés concourent, avec cette clarté âpre, à donner à l'ensemble de la composition un aspect dur et comme éclairé en dessous. Je crois que M. Breton fera bien de remédier aux imperfections que je lui signale; son talent n'est point douteux, il peut facilement l'accroître en ne se laissant pas entraîner au danger de re-

chercher l'effet par de petits moyens semblables, qui, en somme, ne trompent personne. Il
a du sentiment, de l'ordonnance, mais il y a
dans ce tableau quelque chose de commun que
je n'y voudrais pas rencontrer.

Je me rappelle avoir vu à l'Exposition
universelle une bonne *Ecole buissonnière*
de M. Harpignies ; les malheureux critiques
étaient, en cette circonstance, tellement acca-
blés de besogne, et ils avaient si fort à faire
pour se débrouiller à travers les avalanches
de toiles qui, de tous les pays, étaient ve-
nues s'abattre sur eux, que je n'ai point eu
le loisir de signaler ce tableau, dont le souvenir m'est resté très-présent. Je suis heureux
de pouvoir prendre ma revanche. Harmoniste
très-habile dans une gamme de tons assombris,
M. Harpignies a une belle entente de la nature
et une jolie mise en scène, fort spirituelle souvent et jamais outrée. Les *Chercheurs d'écre-*
visses sont de jeunes gamins qui, debout et
jambes nues dans un frais ruisseau, en remuent
les pierres pour faire bonne chasse ; de grandes
cepées d'arbres jettent autour d'eux des om-

bres douces et laissent apercevoir, entre leurs
branches, un ciel profond et plein d'air. Une
bande de petits maraudeurs fuyant à toutes
jambes devant l'apparition néfaste d'un garde
champêtre forme le sujet de *Sauve qui peut*. Il
faut que le crayon soit manié par des doigts
bien exercés pour arriver à une exactitude de
mouvement pareille. Le paysage est en pente :
une sorte de colline mamelonnée d'arbres ; tout
en haut a surgi le formidable représentant de
l'autorité ; les polissons décampent avec une
rapidité incroyable, se retournant pour voir
s'ils ne sont pas suivis de trop près, et, guidés
par la peur « aux pieds légers ; » un de ces pauvres petits diables, un moutard de cinq ou
six ans, saisi par son frère aîné, à la cour-
roie qui lui sert de ceinture, est entraîné bien
plus vite que ses courtes jambes ne le permet-
tent ; tiré en avant. il fait un bond extrava-
gant, se voilant le visage de ses bras et pous-
sant des cris de terreur, car il pense *in petto*
aux fessées paternelles, il redoute les calottes
de ses camarades, on lui fait faire des enjam-
bées qu'il eût jugées impossibles, et il sait que,

s'il est pris, ses oreilles n'auront pas beau jeu.
Ce petit morceau seul suffirait à donner de l'intérêt au tableau, si sa facture élégante et sincère ne le recommandait sous tous les rapports.

Les *Coteaux de Balaguier*, par M. Courdouan,
reposent les yeux et font penser à cette chère
Méditerranée qu'on ne se lasse pas de re-
gretter quand on l'a parcourue. Autour d'une
anse qu'elle baigne de ses flots bleus, des bas-
tides blanches s'abritent sous de grands pins
qui allongent sur elles leur ombre fraîche et
mystérieuse. M. Courdouan est toujours le
peintre national du paysage et des marines
du Midi ; sa *Rade de Toulon* et sa *Vue de Bor-
dighiera* sont d'allure vigoureuse et d'une très-
large exactitude ; mais pourquoi n'a-t-il pas
envoyé quelques dessins au fusain ? Aujour-
d'hui nul ne les fait comme lui.

M. Guillaume débute par un coup de maître ; son *Grain dans les dunes* lui assure, sans
contestation, un rang fort élevé parmi les
paysagistes modernes. C'est un *naturaliste*
dans toute la force du terme et de la famille
des Everdingen et des Ruysdael. La marée

monte, la pluie tombe à torrents et fouette des
rochers luisants de goëmons; des pêcheurs
se hâtent sur une route détrempée. Il fait un
froid glacial. L'eau rebondit et creuse des
trous dans la grève. Les fonds seuls sont éclairés d'une clarté gris de perle; les premiers plans
violents sont presque disparus dans l'obscurité.
C'est une toile excellente, de même que *Souvenir du Morbihan*. M. Guillaume nous paraît
avoir beaucoup d'avenir, et nous espérons que,
cette année, son succès sera ce qu'il mérite
d'être, franc et complet. Je préfère absolument
ses tableaux à ceux de M. Paul Flandrin; ceci
paraîtra sans doute une hérésie, mais je n'y
peux rien; c'est ma sincère opinion et je la
dis. Le talent de M. Paul Flandrin est hors de
cause; il sait toutes les ressources du dessin
et manie la brosse avec une habileté recon-
nue; mais, en vérité, à qui pense-t-il faire
croire, à notre époque, que le paysage italien
où il place *Jésus et la Canaɴéenne* ressemble
aux contrées de Tyr et de Sidon? M. Paul
Flandrin n'a pas visité la terre sainte; pourquoi s'obstine-t-il à vouloir la peindre? Qu'il

nous montre l'Italie, puisqu'il la connaît, mais qu'il laisse en repos la Palestine, qu'il ne soupçonne même pas. Ces substitutions d'un pays à un autre, ces paysages de convention devraient-ils être tolérés, et n'est-ce point une action peu louable que de créer arbitrairement, et, par simple fantaisie, des sites qui sont faux et qu'on donne pour véritables? Que penserait-on d'un littérateur qui, ayant à raconter un miracle de Jésus-Christ, dirait qu'il a eu lieu près de Rome, à la promenade du Poussin? On se moquerait de lui et l'on n'aurait pas tort. Si l'on exige, avec raison, de l'honnêteté dans les lettres, pourquoi ne pas en exiger aussi dans les arts plastiques? Assez de scènes intéressantes se sont passées en Italie pour que M. Flandrin puisse utiliser sincèrement ses souvenirs, sans vouloir faire des transpositions qui, aujourd'hui, ne peuvent plus tromper personne. Je sais ce qu'on peut me répondre : M. Flandrin continue la tradition du paysage tel que les anciens maîtres l'avaient conçu. Cette raison est superficielle, détourne les choses de leur véritable sens et me sem-

ble demander quelques mots d'explication.
A l'époque où les maîtres ont fondé ce qu'on
est convenu d'appeler le *paysage historique*,
les voyages étaient entourés de tant de difficultés qu'ils étaient presque impossibles; il
fallait déjà une volonté robuste et des efforts
sans nombre pour parcourir et visiter l'Italie.
L'Orient était réellement inabordable pour un
artiste; à ce moment, chacun pouvait dire
encore comme, dans *la Mandrogala*, *la donna*
dit à *fra Timoteo : Credete voi, che l'turco
passi questo anno Italia?* Il eût fallu des se-
maines et peut-être des mois pour traverser
des mers infestées de pirates, et eût-on réussi
à mettre le pied en terre d'infidèles, on courait
risque d'y être pris, vendu, volé, rendu esclave, maltraité de toute façon, et finalement
empalé. Nul ne s'exposa à de tels dangers pour
donner plus de vérité au *paysage*, qui n'était,
en réalité, qu'un accessoire pour les maîtres
d'alors. Ces maîtres, qu'on invoque toujours et
qu'on s'obstine à suivre jusque dans leurs
erreurs, n'ont donc pas pu faire autrement que
d'inventer des paysages de convention pour y

placer les scènes sacrées qu'on leur deman-
dait; et, à l'aide de l'Italie, qu'ils avaient
en général sous les yeux, ils ont peint toutes
les régions de la terre. Leur effort a été très-
louable, très-grand et très-beau. Mais ces
difficultés de voyage qui les immobilisaient
en Italie, il y a longtemps qu'elles sont vain-
cues. La Palestine est à notre porte, pourquoi
ne pas y aller? En dix jours on va de Mar-
seille à Jaffa, et en deux jours de Jaffa à Jérusalem. Ce n'est ni long ni difficile, et du moins
on pourrait reproduire, pour faire mouvoir les
personnages des Évangiles, des paysages réellement *historiques* et représentant une nature
dix fois plus belle, plus pittoresque et plus lu-
mineuse que celle de l'Italie. Aujourd'hui l'O-
rient est ouvert, on peut le parcourir sans crainte
et sans péril, et je n'en veux pour preuve que
les tableaux fort importants que des artistes
consciencieux et convaincus viennent de nous
en rapporter.

M. Eugène Fromentin, qui est un écrivain de
pur sang, et qui, sous le titre d'un *Été dans le
Sahara*, a publié un des voyages les plus curieux

et les plus remarquablement descriptifs qu'on
puisse lire, expose des toiles qui prouvent chez
lui des forces d'artiste égales à ses talents de
littérateur. Évidemment amoureux de lumière
et de couleur, M. Fromentin excelle à rendre
l'une et l'autre et à les marier dans une harmonie extraordinairement plaisante. Sa fine facture est très-sûre d'elle-même; il connaît aussi
bien que personne la valeur des tons et sait les
associer et les mêler dans des symphonies charmantes; en outre la qualité de sa coloration
est très-rare et d'une exquise distinction; sa
peinture nerveuse et profondément sentie fuit
les empâtements inutiles; elle court légèrement
sur la toile comme des couches d'air et commu-
nique une vive et durable impression. C'est bien
là l'Orient, l'Orient saharien avec ses nuances
blondes comme du miel et ses immensités
d'horizon que nul œil n'a pu sonder. La *Halte
de marchands devant El-Aghouat* est la perle
de cet écrin composé de sept tableaux, qui
tous mériteraient une mention spéciale. Une
caravane de marchands a mis bas ses bagages
près d'un groupe de palmiers échevelés; les

chameaux ruminent à l'ombre; la ville s'aperçoit avec ses murs blancs et ses maisons gri-
sâtres ; au-dessus d'elle, et dans le lointain,
s'élève le haut pic d'une montagne bleuissante
coupée de belles ombres violettes. Je crains
que, dans la *Tribu nomade en voyage*, M. Eugène
Fromentin n'ait donné une trop vive valeur
relative aux étoffes et aux nuances des Alatiche.
Sous ce soleil implacable du Sahara, soleil qui
noie tous les objets dans des teintes presque
uniformes et dévore les contrastes violents,
les tons prennent, en général, une harmonie
plus sourde et ne se détachent pas d'une façon
aussi particulière et aussi aiguë Un glacis ferait
vite disparaître cet imperceptible défaut, qui,
du reste, n'ôte rien à la composition de son
charme, ni au paysage de sa vérité. Puisque
j'en suis aux critiques, j'en ferai encore une
à M. Fromentin. Il me semble que cette transparence de tons qu'il poursuit comme un idéal
pourrait, si elle était exagérée, l'emmener hors
des limites. Dans les *Arabes chassant au faucon*, cette transparence est poussée aussi loin
que possible; mais, je pose la question à

M. Fromentin lui-même, n'a-t-elle pas un peu trop amolli les contours, trop brillanté certaines parties du tableau, en un mot, ne l'a-t-elle pas rendu un peu creux? Et cependant quelle vérité, quelle connaissance des atmosphères africaines et quelle exactitude dans les mouvements, surtout dans celui du personnage rappelant le faucon qui a déjà lié sa proie! La *Diffa* a une tournure biblique qui retient longtemps. Le *Chasseur de bécasses* est un tour de force de coloris; mais l'influence de M. Decamps n'était-elle pas en M. Fromentin lorsqu'il a peint cette petite toile? Quoi qu'il en soit de ces reproches qui ne sont qu'un acquis de conscience, les tableaux de M. Fromentin obtiennent un succès très-mérité et le consacrent un artiste absolu.

C'est à l'Asie Mineure que M. de Tournemine, dont les progrès sont incessants, a emprunté la plupart des paysages qu'il nous montre cette année. Il aime ce pays en amoureux, et a conservé vivants dans son souvenir ces aspects si pleins d'originalité, ces ciels adoucis, ces horizons lointains, ces Zeibecks aux costumes étranges et cette débordante poésie. Aussi il

peint comme un poëte et ses tableaux s'en
ressentent. Entre Marilhat et M. Decamps, il y
avait une route qu'un homme de talent pouvait parcourir avec honneur : c'est sur cette
route que marche M. de Tournemine, et il y va à
grands pas, entraînant avec lui le spectateur
ravi, et déroulant à ses yeux ces larges contrées
du soleil auxquelles ceux qui les ont vues ne
peuvent jamais songer sans une sorte de tristesse nostalgique. Toutes les toiles qu'il expose
se distinguent par des qualités remarquables ;
mais *Souvenir d'Asie Mineure* est celle qui nous
séduit le plus. Un fleuve, le Méandre sans doute
ou le Mélèze, sur les bords duquel on trouva
jadis un enfant qui fut Homère, un fleuve traverse le paysage, appuyé d'un côté à un frais
rivage et de l'autre baignant les maisons d'une
ville où s'élèvent quelques minarets. Un pont
jeté d'une rive à l'autre nous fait voir ses ar-
ches ogivales et irrégulières ; un caïque passe
sur les eaux limpides ; le ciel est immense,
d'une incalculable profondeur et tacheté par le
vol blanc des cigognes. Tout est fait d'une
main intelligente et sérieuse dans ce tableau,

qui suffirait seul à distinguer M. de Tournemine.

J'ai prononcé tout à l'heure le nom de Marilhat ; voici un artiste qui est certainement dans
la voie où le grand paysagiste a fait son premier
pas, et, quoique une énorme distance les sépare
encore, l'avenir s'annonce bien. M. Imer a encore des mollesses d'exécution, sa brosse
hésite, et la touche manque de cette franchise
qui fait la force ; mais il voit bien, il est impres-
sionné par la nature et cherche évidemment un
idéal supérieur à celui qu'il a trouvé ; j'aime
ceux dont le but est lointain. L'*Étang de Sou-
mabre* (*Provence*) est un frais paysage éclairé
d'une jolie lumière, mais que déparent quelques
tons qui ressemblent trop à ceux du pastel. Le
Bois de doums (*haute Égypte*), vue prise sans
doute à El-Hamameh, est d'une inexprimable
vérité. Les doums, arbre difficile à rendre et
taillé comme à l'emporte-pièce, se détachent en
noir sur un ciel jaune mat qu'illuminent les rapides lueurs du soleil couchant. Parmi les tableaux de M. Imer, l'*Ile de Philœ* me plaît
comme un souvenir personnel ; ma tente a été

longtemps dressée à l'endroit même où l'artiste
s'est placé pour faire son étude. Voilà bien l'île
sacrée, avec ses bouquets de palmiers, ses buis-
sons de cassis, avec son hypèthre consacré par
Nerva et avec son grand temple d'Isis que re-
construisirent les Ptolémées. Çà et là s'épar-
pillent les ruines en briques crues de la ville
détruite ; le Nil, calme et toujours reposé dans
cette anse profonde, pousse ses eaux transpa-
rentes qui baignent les rochers de la Nubie. Le
ciel est bleu et tamise sur tout le paysage une
clarté douce et uniforme. L'impression est
vive, ce qui prouve que le tableau est bon.

Nous avons dit quelque part qu'à midi, dans
le désert, « la lumière est tellement intense et
tellement égale, que tout paraît noir. » Par le
Désert de Nassoub, M. Belly nous montre aujourd'hui que nous avions bien vu. En effet, à
cette heure terrible de la journée, où l'ombre
est absolument perpendiculaire, où les terrains
dégagent des gaz carboniques épais et miroi-
tants, il n'y a plus de clarté ; tout est noyé dans
des tons semblables, uniformes et presque
tristes. La teinte générale est d'un violet sombre

tirant sur le pourpre, avec quelque chose de
sanglant vers le lointain. Le sang, attiré aux
yeux par la fatigue et l'excessive lumière, con-
court certainement à donner au paysage cette
étrange coloration que M. Belly a saisie et ren-
due avec un grand bonheur. La marche ascen-
dante de cet artiste ne s'est point ralentie;
chaque exposition, depuis quelques années, a
consacré pour lui un progrès; aujourd'hui il
prend sa place comme un maître. Son *Désert de
Nassoub* accuse une science peu ordinaire, car
il a fallu, pour accomplir cette œuvre, triompher
de difficultés inconcevables; ce sont là les
crêtes décharnées, les horizons infinis, le ciel
violent, les terrains sablonneux de ces immensités où sont peut-être les plus beaux paysages
du monde, car le désert, c'est la nature abstraite.
Cette toile attire, on y revient malgré soi, elle
est comme un appel à de nouveaux voyages et
elle parle en beau langage des pays qu'on a jadis traversés; aussi, malgré la vraie beauté des
autres, la préférons-nous à l'*Inondation en
Égypte* et au *Village de Ghiseh*.

M. Berchère aussi nous a rapporté un mor-

ceau du désert de Sinaï ; son *Campement de
Oualed-Saïd à Sarbout-et-Kadem* est une scène
prise sur nature et transportée sur toile à l'aide
d'un pinceau supérieur. Les tentes sont piquées
au pied d'une basse montagne rayée de bleu par
l'éloignement ; des dromadaires montés par des
Arabes vêtus de larges âbaouat marchent gra-
vement sur les sables brûlants ; quelques car-
casses de chameaux blanchies par le soleil s'allongent avec leurs os recourbés ; la lumière
éclate et brille, sertissant les pierres d'un reflet d'ombre et jetant ses nappes éblouissantes
sur toute la composition. C'est très-vrai et très-
puissant. L'Orient récompense ceux qui l'aiment
en leur donnant une lumière et une coloration
dont lui seul garde le secret. C'est une belle
conquête à faire ; nos peintres devraient bien
la tenter et recommencer la croisade.

V

ANIMAUX. — NATURE MORTE.

En l'absence de Mlle Rosa Bonheur, qui n'a point exposé, et de M. Jadin, qui s'est naturellement placé parmi les peintres d'histoire, l'*animalier* le plus remarquable que nous avons à signaler à l'attention du public est M. Albert Brendel, un Allemand. Il n'a fait que des moutons, mais quels moutons ! C'est de l'art vivant. L'animal a été étudié et pour ainsi dire approfondi avec un soin sans exemple dans ses attitudes, sa structure, je dirai même dans ses mœurs. Un *Troupeau fuyant l'orage* et une *Bergerie à Barbison* sont deux chefs-d'œuvre de mouvement, de couleur et de dessin. Dans ce dernier tableau, l'air épais qui circule péni-

blement dans les chaudes bergeries, les rayons
de lumière jaillis à travers les fenêtres sans vitres, l'apaisement paresseux de toutes les bêtes
couchées, tout, jusqu'au geste d'une poule qui
saute du haut d'un râtelier, est rendu avec une
sûreté de main qu'on ne peut avoir qu'après de
longs et consciencieux travaux.

M. Palizzi varie nos plaisirs et ses sujets. Une
année, il ne nous a guère montré que des ânes,
une autre, que des chèvres ; aujourd'hui, comme
M. Brendel, il n'expose à peu près que des
moutons. Ils sont, pour la plupart, de grandeur
naturelle, peints en pleine lumière, sous de
beaux ciels éclatants de clarté ; je voudrais que
M. Palizzi, qui a un talent tout à fait remarquable, s'appliquât un peu plus à mieux peindre le
bonhomme ; la gaucherie et la mauvaise facture
de ses personnages humains nuisent quelquefois
à ses tableaux ; dans le *Combat de béliers sépa-
rés par un petit garçon,* le petit garçon est si
lourd, si invraisemblable, si gauche, qu'il gâte
le plaisir que cause l'exécution magistrale des
animaux.

Les *Défricheurs, attelage de bœufs,* de M. Du-

buisson, sont bien les vaillantes et patientes
bêtes qui savent « creuser profond et tracer
droit, » et qui tirent le lourd chariot chargé
de hêtres abattus; le dessin est bon, mais meilleur que la couleur, que je trouve un peu terne.

Les cinq tableaux de M. Joseph Stevens se
recommandent par les qualités que nous con-
naissons déjà, mais ils ne font pas oublier le
Métier de chien de 1852, qui reste décidément
la meilleure toile de cet artiste.

J'avoue que j'aime beaucoup M. Loubon; je
sais qu'on peut lui reprocher, et je lui reproche
moi-même ses tons violâtres et blafards; mais
il a un entrain, une *furia* méridionale qui fait
plaisir à voir, et qui constitue à ses compositions une très-réelle originalité. Sa *Razzia* a le
diable au corps. Sur un terrain incliné, les
veaux, les taureaux, les vaches, les chèvres,
les brebis, les chiens se précipitent, se heur-
tant, escaladant du mufle à la queue, et fuyant,
de leur galop saccadé, devant leurs bergers
montés sur des dromadaires lancés au grand
trot. Toute cette avalanche, dessinée en rac-
courci, est d'un effet très-extraordinaire. Le

8.

troupeau, ainsi chassé, est enveloppé d'une fine poussière blanche levée sur les terrains calcaires par le pied agile des bêtes effrayées. C'est grisâtre, mais d'une rapidité qui fait pardonner cette faiblesse de la couleur.

Et nostræ ætatis insaniam in pictura non omittam, dit Pline, en parlant de ce portrait haut de cent vingt pieds que Néron fit faire de lui, et qui fut détruit dans l'incendie des jardins de Maïus. Qu'est-ce que le naturaliste aurait donc pensé de la toile de M. Verlat, envoyée sans doute en cadeau maladroit à un noble Houyhnhnm, par la reine de Brobdingnac? Ce tableau, *Chevaux français, gros percherons*, est ridicule : quatre mètres soixante-quinze centimètres de haut sur huit mètres de large. Deux chevaux, une charrette et un homme plus grands que nature, c'est puéril et petit à force de vouloir paraître grand. De tels efforts n'indiquent que de la faiblesse ; cette vaste peinture est plate, en façon d'aquarelle, d'un dessin douteux et ne prouve rien, sinon que M. Verlat a beaucoup de temps à perdre. A cette toile démesurée, bonne à servir d'enseigne, et qu'on fera sagement de regarder par le petit bout de la lorgnette, je préfère hautement *le Renard et les raisins*, fine composition, jolie, spirituelle et bien peinte.

Des cinq toiles exposées par M. Jules de Bonnemaison, et qui toutes ont d'agréables qualités, celle que je préfère est l'*Intérieur d'écurie, portrait de cheval*; la nature y est étudiée et interprétée avec soin. La bête y a bien cette physionomie particulière qui constitue le portrait; or, un bon portrait n'est point aisé à faire, et M. de Bonnemaison s'est tiré avec talent de cette difficulté.

Les chasses de M. de Balleroy, *Hallali de cerf*, *Hallali de loup*, *Hallali de sanglier*, dénotent une extrême facilité de brosse et une connaissance pratique des sujets traités. J'aurais voulu plus de fougue, plus de bruit, pour ainsi dire; néanmoins il y a de l'avenir, à la condition de travail; ce n'est encore que de la très-honorable peinture d'amateur, mais dans laquelle je sens paraître déjà la main sérieuse d'un artiste; M. de Balleroy n'a qu'à vouloir, car aujourd'hui il nous prouve qu'il peut.

La *Troupe de sangliers traversant un marais*, de M. Krockow, est un étrange tableau d'une vérité qui frappera tous ceux qui ont vu une harde de sangliers sortir d'un étang, le matin, quand la brume n'est point encore levée. La facture est sèche et demanderait un peu plus de solidité.

Nous ne ferons pas compliment à M. Philippe Rousseau de son *Lièvre chassé par des bassets :* ce lièvre à carapace n'est pas heureux, non plus que ce terrain saupoudré de plâtre au lieu de neige ; en revanche, ses *Pigeons* prouvent qu'il n'a pas perdu les belles aptitudes qui ont établi et assuré sa réputation.

La famille de *Lapins* que M. Lambert a réunie autour du baquet où verdoie le dîner est amusante à regarder, très-joliment peinte et dessinée avec un goût rare. La *Mère de famille* (*poule et poussins*), de M. Deville, est d'une observation vraie et bien exprimée. M. Monginot a bien du talent; est-ce qu'il ne se lassera pas de peindre des *natures mortes?* Il nous semble appelé à plus haute destinée; ses *Noces de Gamache* sont d'une éblouissante couleur et d'une belle fermeté de pâte; les *Jeunes Chats*, la *Leçon de lecture*, indiquent un coloriste consommé. Est-ce que toutes ces sérieuses qualités seront toujours stérilisées par le choix des sujets et ne s'emploieront pas à autre chose qu'à peindre des citrouilles, des tasses de lait, du fromage et des draperies?

VI

PORTRAITS.

Il n'y a, cette année, au Salon, qu'un seul portrait *historique*, c'est celui du poëte *Adam Mickiewicz*; il est de M. Rodakowski. *Polonorum vates*, dit la légende du tableau; cela est exact. Mickiewicz fut le poëte inspiré de la Pologne, et il aima sa patrie avec le désespoir ardent que donnent l'exil et la persécution. Il était né en 1798, à Nowogrodeck, en Lithuanie, qu'il habita jusqu'en 1814, époque où il se rendit à l'université de Wilna pour compléter ses études. Ce fut là qu'il composa ses premiers vers. En 1820, il est nommé professeur au collège de Kowno, en Samogitie; vers ce temps, travaillant aux *Aïeux* et à *Grazyna*, il se mêla à une sorte de société secrète formée, sous ce nom : *les Philarètes*, par les jeunes gens de l'université de Wilna. Le martyrologe sanglant de la Pologne a inscrit sur ses sombres pages la plupart des membres de cette association. Une commission militaire russe, présidée par le général Novosilcoff, mit trop tôt fin à de généreuses tentatives. Les Philarètes sont dispersés, les uns sont emprisonnés, d'autres incorporés dans des régiments, d'autres enfin déportés en Sibérie. Mickiewicz est forcé d'aller habiter la Russie; tout en mettant au jour ses *Sonnets*, *Conrad*, *Vallenrod*, l'*Ode à la jeunesse*, il parcourt la Crimée; puis, revenu à Pétersbourg, il s'embarque à Cronstadt, débarque à Lubeck et se rend à Weimar, où il est accueilli par Gœthe. De 1832 à 1838, il habite Paris, où il publie le livre du *Pèlerin*, qui fut traduit par M. de Montalembert et orné par ce dernier d'une préface que nous recommandons aux amateurs de curiosités politiques. Mickiewicz nous quitta pour aller à Lausanne, où il venait d'être appelé comme professeur de littérature latine; il y fit *Thadée*, un poème

épique. Il revient à Paris pour occuper la chaire
de littérature slave au Collége de France ; son
cours ne tarda pas à être suspendu, en même
temps que ceux de MM. Michelet et Quinet. En
1847, il était en Italie, et, en 1848, il assista au
réveil de la nationalité péninsulaire ; le pape
bénit pour lui un drapeau aux couleurs de la
Pologne ; mais nous savons, hélas ! ce que sont
devenues les grandes espérances qu'alors nous
avons pu concevoir. De retour en France, et
nommé bibliothécaire à la bibliothèque de l'Ar-
senal, Mickiewicz regardait du côté de l'Orient,
où une grande lutte, qui pouvait être défini-
tive, paraissait s'annoncer ; il partit pour Constantinople au mois de septembre 1855. Le
26 novembre de la même année, il y est mort.
Un mystère semble planer sur sa tombe ; le
temps n'est pas venu de le soulever encore.
C'est donc ce héros et ce poëte que M. Rodakowski a représenté. Il a bien fait, car il connaît la chanson albanaise : « Gardons vivante et
toujours présente l'image de nos grands hommes. » A ce portrait je préfère cependant celui
du *prince Alexandre Czartoriski.* M. Roda-

kowski excelle à rendre la nature, à transporter la vie sur la toile, à exprimer toutes les
finesses d'un visage, le sourire des lèvres, la
pensée translucide des yeux; c'est un maître
réaliste dans l'excellent sens du mot, et nul, à
notre époque, n'est plus capable que lui de
faire un vrai et sérieux portrait. M. Rodakowski a exposé, en outre, un tableau de
genre, si mal placé qu'on le découvre à peine;
il représente des *Paysans de Gallicie dans
une église du rite grec uni*. Toute la tristesse de
ceux qui n'ont plus de patrie, la lamentable
poésie qui déborde de ces cœurs gonflés est
répandue dans cette petite composition, peinte
sans hésitation et tout à fait remarquable.

Il est difficile de discuter ou même seulement de décrire un *portrait*, cela touche de
trop près à la vie privée et doit, jusqu'à un certain point, échapper à la critique; aussi nous
contenterons-nous de citer les peintres qui nous
semblent avoir le mieux mérité du public.
M. Hébert, dans le portrait de la *princesse Ch.
de B...*, a fait une œuvre très-belle, où je vois,
entre autres morceaux très-réussis, un certain

gant de Suède qui est d'une facture inimitable.
M. Chaplin gravit un degré à chaque exposition ; ses fonds sont encore un peu tricotés en
hâte avec des touches trop apparentes, mais il
fait des progrès rapides, et dans le *Sujet tiré
de Shakspeare* il arrive à un très-beau résultat ; si l'ombre portée du visage était moins
sombre, ne serait-ce pas mieux ? Le portrait
de *M. de Gascy* et celui du *docteur Desmarres*,
par M. Philippe, méritent aussi de justes et
sincères éloges, ainsi que celui de *Mme B...*,
très-solidement peint et très-harmonieusement,
malgré de sérieuses difficultés de *bleus*, par
M. Barrias.

VII

PASTELS. — DESSINS. — AQUARELLES. — ÉMAUX.

Nous signalerons de beaux portraits au pastel par Mme Becq de Fouquières, par M. Goddé, qui fait toujours un peu creux, par Mme Coefßer, et nous arriverons vite au plus beau pastel que nous ayons jamais vu, au *Christophe Colomb* de M. Maréchal. Je connais même peu de tableaux à l'huile qui aient cette vigueur de tons et cette extraordinaire solidité de facture ; les toiles des maîtres coloristes ne feraient certes pas pâlir cette œuvre merveilleuse. Colomb est ramené en Espagne, enchaîné sur le pont d'un navire, à côté des cordages enroulés et des voiles car-

guées ; près de lui s'élève le bastingage, par-
dessus lequel on aperçoit la mer immense, cette
mer qu'il a franchie, plein d'espoir, à travers
les révoltes, et qui l'a conduit à la réalité de
son rêve. Tout ce que la nature humaine peut
supporter de douleur est écrit en larges traits
sur cette tête pensive retombée sur la main
crispée. C'est la désespérance d'un homme de
génie qui commence peut-être à douter de Dieu.
Le corps, affaissé sur lui-même, est écrasé par
la désolation et comme abîmé dans une torpeur
insensée. Des fers chargent sa main maigre et
sonnent sur ses chevilles ; c'est bien ainsi qu'il
convenait de reconduire en Espagne celui qui
avait découvert des mondes, et qui plus tard
devait presque mourir de faim. Il faut le haut
talent de M. Maréchal pour avoir su comprendre
et interpréter ainsi cette passion, qui reste une
des hontes de l'humanité ; il y a bien des toiles
de cent pieds qui ne contiennent pas le pathé-
tique ardent et le drame immense qui se dérou-
lent dans ce pastel, qui est un pendant supérieur
au magnifique *Galilée* exposé en 1855.

M. Bida demeure le maître du crayon, il sait

le manier d'une façon si originale et en tirer de si ingénieux effets, qu'on est surpris, à chaque exposition, qu'il puisse obtenir de si beaux résultats.

Le *Réfectoire de moines grecs* est un chef-d'œuvre de finesse et de distribution de lumière; mais j'aime mieux le *Mur de Salomon*, qui prend tout de suite les proportions d'une toile historique. Les juifs, habitant ou passant à Jérusalem, ont coutume d'aller le vendredi soir et le samedi matin pleurer et réciter des psaumes, non loin de la mosquée d'Omar, à un endroit que l'on considère traditionnellement comme un débris des murailles du temple construit par Salomon. Rien n'est plus singulier que de voir ces malheureux, sales et parfois déguenillés, portant les costumes juifs de Palestine, de Constantinople, d'Allemagne, de Pologne, se prosterner en face de ces pierres séculaires, et de les entendre réciter d'une voix nasillarde et entrecoupée leurs lamentations éplorées. Le Temple est bien détruit, nul ne le relèvera; et cependant la vieille malédiction s'apaise, le juif redevient homme; il a fait sa paix avec le catholicisme ; Pierre et Caïphe se sont dernièrement frappé dans la main à propos d'une question toute moderne ; l'industrie est une puissante fée, elle fait plus que de rapprocher les distances, elle efface les haines et réconcilie les frères ennemis !

Quoi qu'il en soit, M. Bida a représenté les juifs de Jérusalem au moment où, pieds nus, réunis par groupes, agenouillés, affaissés, prosternés ou debout, ils appellent ce *Jehovah*, qui n'a plus d'armée et qui ne les entend plus. Cette scène, dont nous avons été quelquefois témoin, est racontée par le crayon de M. Bida avec une vérité d'observation très-louable et une habileté de main qu'il est difficile de concevoir.

La Charité, de M. Noble, est un bon effort et un essai honorable ; il y a des expériences qui demandent quelque peu de travail encore pour ne point se renouveler ; *la Charité* manque d'ampleur, mais la composition a du style et annonce un artiste consciencieux et plein de bon vouloir.

Nous citerons encore une très-agréable gouacho de M. Engalières, représentant une *Vue de Monaco* ; de belles aquarelles lestement faites par M. Preziosi, et toutes empruntées à des sujets orientaux : *Vue du port de Constantinople*, *Mendiants de l'Asie*; cette dernière surtout est remarquable de vivacité et de couleur; et nous critiquerons, dans les aquarelles de M. Crapelet, une *Rue au Kaire*, *intérieur oriental*, l'abus outré de la gouache. L'aquarelle doit ménager les blancs et non pas les empâter ; ce défaut est choquant dans les deux ouvrages de M. Crapelet, qui cependant sont vigoureux et d'une bonne réalité.

En terminant ce qui concerne la peinture, nous signalerons aux amateurs un émail de première beauté, exposé par M. Marc Baud, de Genève, dont j'ai déjà eu l'occasion de signaler le talent et l'habileté. Sa *Caravane*, d'après Marilhat, émail *plat* sur composition ferrugineuse, si j'en crois le livret, est une œuvre tout à fait importante, eu égard aux difficultés sans nombre que présente cette sorte de travail. C'est fini et précieux comme un Petitot ; toute la pensée, toute la poésie du maître ont passé dans la copie; je ne sais rien en ce genre de mieux réussi, de plus doux et en même temps de plus fort. M. Baud est sans contredit le premier peintre émailleur de notre époque.

VIII

SCULPTURE.

Depuis cinq ans, l'art statuaire est en deuil;
ses trois plus fervents et plus nobles représen-
tants ont été frappés par la mort; Pradier,
David et Rude ne vivent plus que par leurs
œuvres et par les élèves qu'ils ont laissés pour
continuer leur enseignement. M. Barye reste
seul aujourd'hui de grande valeur pour conso-
ler de la perte de ces maîtres illustres, que les
nouvelles recrues ne font pas oublier. Quoique
cette exposition de sculpture soit incomplète,
puisque M. Barye n'a rien envoyé, non plus que
M. Christophe, M. Préault, M. Cavelier, auquel
nous ne tiendrons pas compte de ses bustes,

elle est relativement importante et mérite d'être visitée avec quelque détail.

Les deux statues qu'on cherche d'abord et devant lesquelles on stationne longtemps, sont celles de M. Rude, l'*Amour dominateur* et *Hébé*. Dans ces deux œuvres, nous retrouvons une partie des qualités qui font du *Départ*, de l'arc de l'Étoile, le plus beau fragment de sculpture qu'ait produit l'art moderne. Rude a pris la peine d'expliquer lui-même, dans une lettre citée au livret, de quelle manière il avait compris et certainement rajeuni ce vieux sujet de l'*Amour* : « Je place l'esprit au milieu de la
» matière, dit-il ; cette petite figure allégorique
» que nous appelons Amour et que les Grecs
» regardaient comme le plus ancien de tous les
» dieux, ce génie féconde toute la création. Je
» figure l'eau tout autour de la terre ; les oi-
» seaux représenteront l'air ; le feu sera le
» flambeau. Je tâcherai de décorer sans pré-
» tention ni confusion la terre et l'eau : des
» poissons, des coquillages pour celle-ci ; sur
» le promontoire, des fleurs, de petits reptiles,
» enfants de la terre. Un serpent faisant le

» tour de la plinthe terminera cette composi-
» tion par la représentation de l'éternité. »
L'artiste a été fidèle au difficile programme
qu'il s'était tracé. L'arrangement de cette figure
est d'une belle habileté et dénote un homme
rompu aux finesses de l'art et du métier. Nulle
surcharge d'ornements ni d'attributs; nulle
confusion dans l'ordonnance; c'est simple et
ça s'embrasse d'un coup d'œil. Le corps du
dieu a la gracilité et la souplesse de l'enfance;
à voir ces emmanchements flexibles, ces membres vivants, on reconnaît l'œuvre d'un artiste
familiarisé de longue main avec l'étude de l'a-
natomie, trop abandonnée aujourd'hui. La tête
est très-réussie; son expression hautaine, ac-
cusée par une lèvre inférieure légèrement
saillante et par une paupière surplombant l'œil,
est bien .celle qui convient au *dominateur*.
L'*Hébé* est un groupe encore déparé par les
tenons qui ont assuré sa conservation pendant
les périls du transport, mais c'est, à mon avis
du moins, le morceau de sculpture le plus remarquable de l'exposition. Cette jeune fille nue,
presque enveloppée ·par les ailes de l'aigle

olympien, debout, élevant au-dessus de sa
tête la coupe pleine du divin breuvage, est
d'une élégance et d'une chasteté extrêmes.
Loin d'imiter ces sculpteurs d'ordre inférieur
qui semblent n'avoir d'autre but que de s'a-
dresser aux sens, qui amollissent les contours,
exagèrent intentionnellement certains détails
et matérialisent la chair outre mesure, Rude
a compris que la beauté résidait surtout dans
l'élégance, qui est l'exacte proportion de la
grâce, et dans la chasteté, qui est, pour ains
dire, la spiritualisation de la forme, et il a fait
de son *Hébé* une créature absolument divine,
belle, pure et chaste, comme doit être une
déesse. Son jeune corps, aminci et charmant,
s'élance ainsi qu'une tige de lotus et s'épanouit
en une tête radieuse illuminée par un sourire
plus doux qu'un parfum. Ses yeux pensent, sa
lèvre parle, et, si nous étions encore au temps
des prodiges, elle descendrait de son piédestal,
semblable à la Galatée de Pygmalion, et mon-
trerait au monde l'image vivante de la jeunesse
et de la beauté. L'exécution est des plus précieuses ; les genoux, les épaules et le thorax

sont amenés à un degré de perfection et de
vérités peu croyables. L'Institut, qui compte
tant de médiocrités dans son sein, n'a jamais
voulu se faire l'honneur d'admettre M. Rude au
nombre de ses membres, et cependant, lorsque
les historiens de l'avenir écriront l'histoire de
l'art à notre époque, le bas-relief de l'arc de
l'Étoile et cette *Hébé* tiendront certainement
la meilleure place.

Animé par une pieuse pensée, M. Lequesne,
un des plus sérieux élèves de Pradier, a exécuté en marbre un *Soldat mourant* dont son
maître avait laissé l'esquisse. Cette bonne intention trouve sa récompense dans le mérite de
l'œuvre, qui est belle à tous égards. Après le
Gladiateur, il est toujours difficile de faire des
guerriers blessés; néanmoins, et malgré la re-
doutable concurrence de la statue antique,
M. Lequesne, s'inspirant de la maquette inache-
vée de Pradier, est arrivé à faire une académie
originale et d'une anatomie bien observée. Le
soldat, frappé au-dessus du cœur, est tombé
(un peu trop dans son bouclier); il s'appuie sur
la main gauche, lève de la droite son glaive

brisé, et laisse se rabattre en arrière sa jeune
tête bouclée à la Pélasge, et qu'on dirait em-
pruntée au *Soldat de Marathon* qui est à Athè-
nes, dans le temple de Thésée. La main de
l'élève a bien fait son office ; elle a su animer
ce marbre un peu gris et sans transparence, et
donner à toute cette figure un aspect grandiose
que le maître ne désavouerait pas. On repro-
chait souvent à Pradier de ne savoir faire que
les femmes et de se plaire aux afféteries co-
quettes plutôt que de chercher la force et la
majesté ; ses confrères et les critiques tentaient
toujours de lui montrer la petite paille qu'il
avait dans l'œil. Fatigué de ces observations,
et, je dirai le mot, de ces jalousies, Pradier,
pour réduire au silence ces langues trop bavar-
des, avait composé, en demi-nature, un magnifique groupe représentant *Ulysse portant le
corps d'Achille ;* nous l'avons vu souvent dans
son atelier : c'est un chef-d'œuvre. Est-ce que
M. Lequesne, qui a gardé religieusement le
souvenir de son maître, ne pourrait point exécuter ce groupe en lui donnant les proportions
que Pradier avait rêvées pour lui ?

Puisque nous en sommes aux morts, nous dirons vite quelques mots de M. Duret; car, depuis son *Improvisateur* et son *Pêcheur napolitain*, il me semble qu'il ne fait guère parler de lui. Les deux statues qu'il expose cette année, la *Comédie* et la *Tragédie*, ne sont ni bonnes ni mauvaises; elles sont médiocres, et c'est ce qu'il y a de pire; cela ressemble à toutes les *Thalie*, à toutes les *Melpomène* connues; la *Comédie* n'a point de mouvement; un sourire niais fait grimacer sa face amollie; d'une main elle tient le masque, et de l'autre des verges à battre les œufs. Pour la *Tragédie*, M. Duret ne s'est pas mis en grands frais d'imagination : elle est la reproduction à peu près exacte d'une statue, la *Julie*, si ma mémoire me sert bien, qui est à Rome, au *Braccio nuovo* du musée Chiaramonti, à cette différence près que la traduction affaiblit singulièrement l'original : *traduttore, traditore;* en somme, ce sont deux allégories communes et rebattues, que leur exécution ne réussit pas à faire valoir.

L'*Ariane* de M. Aimé Millet a une certaine nonchalance et une sorte d'afféterie plaisante

qui m'étonnent chez un élève de David, qui fut,
sans contredit, le maître le plus âpre et le plus
élevé de notre époque. Cette statue est donc
gracieuse, sans grande force, mais d'un bon
mouvement qui affaisse les lignes et donne l'idée
d'une douleur accablée ; le talent du sculpteur
se fait plutôt remarquer dans l'ensemble que
dans les détails ; les mains, entre autres, d'un
contour un peu mou, laissent encore à désirer.
Par une agréable fantaisie, et dont il faut tenir
compte, la chevelure de la pauvre abandonnée
est mêlée à des raisins mûrs, comme pour bien
indiquer que le consolateur Bacchus va bientôt
venir sécher ces belles larmes versées au souvenir de l'ingrat Thésée. Si cette statue était un
début, elle laisserait le champ ouvert à toutes
les espérances.

La sculpture de M. Fabisch est tout à fait effé-
minée ; sa *Fille de Jephté*, très-tourmentée dans
les draperies, semble une réminiscence de la
façon lymphatique et fondante de M. Clésinger ;
il y a cependant de la vérité dans la pose et
quelque recherche dans le mouvement ; mais en
n'essayant que l'*agréable*, au lieu de tenter cou-

rageusement le *beau*, je crois que M. Fabisch
a affaibli beaucoup l'effet de son œuvre.

M. Bonnaffé a voulu exécuter un tour de force,
et je doute qu'il ait réussi ; sa *Belle de nuit*, réminiscence directe d'une figurine grecque en
terre cuite très-connue, est d'un dessin tellement
faible, a un cou si étrangement impossible, des
pieds si engorgés et des mains si lourdes, qu'on
n'attache d'importance, en toute cette figure,
qu'à la façon dont la draperie transparente
se colle sur le corps qu'elle dessine; mais
c'est là un travail de praticien plutôt que d'artiste. L'art ne consiste pas en difficultés vain-
cues ; ces grands efforts pour les petites choses,
pour les surprises, pour les *trompe-l'œil* frisent
de bien près la décadence et ne doivent jamais,
selon nous, tenter un esprit sérieux. Le talent
inutilement dépensé dans cette statue prouve
que M. Bonnaffé pouvait faire et fera mieux.

Je préfère hautement à cette *Belle de nuit* la
Jeune Syracusaine de M. Maillet, statuette en
bronze, drapée aussi, mais avec goût, naturellement, et par un sculpteur qui se souvient des
leçons de Pradier; la forme en est élégante à

la fois et sévère ; cette figure est bonne et fait très-heureusement oublier cette *Primavera* que je n'aurais pas voulu voir à l'Exposition universelle.

La *Psyché* de M. Calmels, un peu défectueuse de face, est charmante de profil, très-jeune et d'un joli mouvement ; mais il me semble que ces dorures lui nuisent et détruisent la blanche harmonie qui est un des charmes de la statuaire.

Le *Léandre* de M. Guitton est bien mouvementé ; le geste de la main au-dessus des yeux est rendu avec soin, de même que l'anatomie générale, anatomie jeune, comme il convient à un adolescent, sans pourtant être fade ; je préfère cette statue à l'étude de *Jeune Fille* dont l'ensemble est contrarié par ce bras rajouté ; je sais que ce défaut n'incombe pas à M. Guitton, mais il tire le regard et brise la pureté des lignes. J'aurais voulu aussi moins de détails autour de la statue ; ces branches de chêne et de chardon, inutiles et mises là sans doute pour prouver l'adresse du ciseau, détournent l'attention et papillotent aux yeux. M. Guitton est dans la

bonne voie; mais, entre nous, je l'engage à ne
se préoccuper que des expositions publiques,
celles-là seules portent un enseignement; les
autres ne satisfont que l'amour-propre, et un
homme qui a la prétention et la volonté de devenir un artiste ne doit pas s'en soucier.

L'effort de M. Gumery doit lui être imputé à
bien; il a voulu échapper au genre académique; si le résultat n'est pas obtenu, l'essai est,
du moins, très-louable. Le *Retour de l'Enfant
prodigue* sort de la routine ordinaire, et prouve
chez son auteur une ardente envie de bien faire;
malheureusement, en art, l'intention ne peut
pas être réputée pour le fait; nous ne pouvons
qu'applaudir à cette bonne volonté et l'encou-
rager de toutes nos forces. Le principal reproche que j'adresserai à ce groupe considérable
et qui a dû exiger un long et pénible travail,
c'est que, par sa disposition, il escamote en
partie les visages; or les montrer avec leur
impression et leur physionomie diverses, c'est
là une des lois de la sculpture. Je l'ai dit ailleurs,
le peintre de l'antiquité qui jeta un voile sur la
tête d'Agamemnon assistant au supplice d'Iphi-

génie, ne fit qu'un tour d'ad.esse. Néanmoins, malgré cette imperfection, il faut louer dans ce groupe son importance, une étude méticuleuse de draperies et une tournure solide qui indique une vraie connaissance du métier et un sentiment profond de l'art.

On pourrait séparer les sculpteurs actuels en deux classes : ceux qui, toujours tournés vers l'antique, imitent tant bien que mal ou plutôt copient maladroitement les chefs-d'œuvre que les temps anciens nous ont laissés, et ceux qui, dans ce voyage rétrospectif, se sont arrêtés à la renaissance. Pour les premiers, le procédé est fort simple : on prend à l'*Antinoüs* la tête, au *Germanicus* les pectoraux, au *Bacchus* les jambes, et on fait, de pièces et de morceaux, une statue d'homme; les statues de femmes s'obtiennent de la même façon : la *Vénus de Milo* fournit le visage, *Polymnie* prête les draperies, la *Diane* donne le mouvement et le reste; si nous n'avions de l'indulgence, nous nommerions les prétendus sculpteurs qui, à cette exposition même, ont exhibé de pareils pots-pourris. Pour les seconds, on retrouve dans leurs œuvres des fragments de Donatello, de Jean Cousin, de Germain Pilon, de Jean de Bologne, dissimulés autant que possible, mais cependant reconnaissables toujours. Ceux qui, sans préoccupation trop entraînante du passé, cherchent et trouvent dans la nature leurs véritables inspirations, sont rares; en voici deux cependant, cette année, qui s'attaquent courageusement à la vie moderne et semblent penser qu'il est temps d'en finir avec les allégories inutiles, les nymphes inconnues et les dieux érigés en planètes.

C'est pourtant d'une allégorie que je veux parler d'abord ; mais elle est conçue à un point de vue tellement juste, qu'elle devient réelle comme un fait. M. Lebœuf a escaladé l'Olympe actuel, et il n'y a trouvé qu'un dieu vivant : le *Travail*. Il le représente tel qu'il est, non pas ainsi que l'ont déjà travesti tant de sculpteurs médiocres, en petit génie bouffi, mais sous sa vraie forme de jeune homme solide et hardi. Il est debout, la poitrine nue, large et respirant à pleins poumons, les épaules vigoureuses, les bras accentués, appuyé contre une bigorne et tenant à la main le lourd marteau du forgeron ;

près de lui pend sa veste d'où je vois sortir un
livre, car ce colosse a une âme qui demande
pâture. Le bas du corps est vêtu d'un pantalon
retenu par une sangle de cuir, et les pieds dis-
paraissent dans les gros souliers du prolétaire.
La tête est jeune, intelligente et vivace. L'ensemble a une grande tournure et tout autant de
style que n'importe quel bonhomme vêtu de la
chlamyde ou de la toge. Cette statue prouve que
le costume moderne n'est un épouvantail que
pour les ignorants, il y a longtemps que je le
sais; à cet égard, je connais une statue d'André
Chénier par M. Préault, qui démontrera, j'es-
père, qu'un homme de talent sait s'assimiler les
éléments les plus disparates et en tirer bon parti.
Dans le *Travail* de M. Lebœuf, il y a encore des
inexpériences; le pouce a hésité quelquefois,
notamment dans le visage, dont l'expression un
peu exagérée est plus cherchée que trouvée,
mais cette œuvre n'en demeure pas moins très-
belle et très-méritante. Je voudrais voir cette
statue coulée en bronze et exposée sur une de
nos places publiques.

Le *Joueur de biniou*, de M. Lebourg, est un

Breton qui danse la *nigouce* sur un tonneau paré de pampres mûrs; le costume est exact: voici les longs cheveux, et les larges gilets, et la veste, et le ceinturon de cuir et les bragoubrass; le mouvement est plein de vivacité et de pétulance; c'est bon et demande un pendant; que M. Lebourg le cherche dans le même ordre d'idées.

M. Ottin expose un *Chasseur indien surpris par un boa*, groupe en bronze que déjà nous avons vu en plâtre vers 1847, si nos souvenirs ne nous trompent pas. L'agencement du personnage, du cheval et du reptile, est entendu parfaitement. C'est d'une énergie rare et qui dénonce en M. Ottin de précieuses aptitudes. Sa *Jeune Fille portant un vase*, escortée de deux petits enfants, est un joli morceau très-bien ordonné et d'une gracieuse ornementation.

Les deux groupes de M. Lechesne, les *Dénicheurs*, inspirés par les deux vers d'une romance connue:

· Dieu seul a droit sur tout ce qui respire;
Ne pouvant rien créer, il ne faut rien détruire,

sont d'un mouvement très-puissant et très-étu-
dié. L'arrangement général en est habile et fort
ingénieux ; ces groupes ne mériteraient aucun
reproche, si la patine en était plus régulière et
moins inégalement marbrée. De ceci M. Lechesne est évidemment fort peu coupable ;
mais, après l'exposition, ne pourrait-il pas faire
reprendre ses bronzes ? ils y gagneraient beaucoup.

> Sa pensée est au ciel, au séjour qu'elle espère,
> Et son chien, son ami, son compagnon sur terre,
> Fixe instinctivement et promène ses yeux
> Sur son regard perdu qui s'enfuit vers les cieux.

Tels sont les quatre vers qui servent d'épigraphe et de commentaire à *la Pensée et
l'Instinct*, de M. Grabouski. C'est fouillé dans le
marbre et *pratiqué* par un homme qui connaît
les secrets du ciseau, de la mèche et de la râpe.
Les vêtements tout modernes de la jeune fille
sont souples comme des étoffes ; le visage est
gracieux, les extrémités sont bien traitées ; en
somme, c'est une bonne et estimable statue.

Jeune Fille et poussins est un aimable groupe
de M. Truphème, naïf dans la pose et dans l'ex-

pression et qui mérite des éloges, ainsi, du reste, qu'une bonne statuette en bronze de *Mirabeau*.

La petite statue en marbre de M. Protheau représentant une *Nourrice indienne*, me paraît une des sculptures les plus expressives, les plus fines et les mieux réussies du Salon. Le profil de la jeune femme est ravissant. La pose, toute prétentieuse qu'elle pouvait être, reste dans d'excellentes limites de gracieuse vérité; les têtes sont finies comme des camées, sans être dures ni sèches; le contour est élégant, sans mollesse et d'une extrême suavité. C'est un bijou délicieux.

Parmi les bustes nous citerons, comme bonne réminiscence de l'antique, la *Nymphe Aréthuse*, la *Chrysothémis de Sophocle* et la *Médée d'Euripide*, par M. Cailloué. Les trois têtes des déesses (ce que les poètes ont créé s'élève au rang des dieux) ont une parfaite distinction et une finesse d'exécution qu'il faut remarquer. Continuant la vraie tradition, sans se préoccuper des détours dangereux que les académiciens modernes ont voulu lui faire faire, M. Cailloué n'a pas hésité à donner à ses bustes des yeux d'argent émaillés de noir. La plupart des bustes et des statues en bronze que l'antiquité nous a légués lui donnent raison; cela apporte, du reste, aux physionomies une expression plus saisissante et plus vraie.

Les bustes algériens de M. Cordier (Arabes, Moresques, Kabyles, etc.) sont curieux, surtout au point de vue ethnographique; sous le rapport de l'art, l'emploi simultané des différentes matières, telles que le bronze, le marbre, l'albâtre, l'onyx, les rend importants; mais, selon nous, ils sont loin de valoir, comme intérêt et comme exécution, celle *Nubienne* que nous avons été heureux de signaler en 1852.

M. Blavier rompt avec toutes les traditions, et il fait bien; il s'éloigne de l'antiquité et de la renaissance. S'il a quelques affinités, c'est avec les maîtres du dix-huitième siècle, avec ceux qui nous ont laissé ces merveilleux portraits en marbre qu'on ne se lasse jamais d'admirer. Peut-être voit-on trop, dans sa manière, le travail de la *mèche*, mais ce défaut sans valeur est racheté par tant d'originalité, par une telle

ampleur, par tant de vie dans les personnages
et par une telle hardiesse dans la composition
(car on peut composer un buste tout aussi bien
qu'un groupe), qu'on l'oublie vite pour applaudir
à de si vaillants efforts couronnés d'un sérieux
succès. Les bustes sont à mi-corps à peu près,
montrant les bras et les mains, dégageant le
cou et dessinant le torse, parfaitement agencé
avec les vêtements, robes, mantelets et autres
étoffes qui servent de motifs à des draperies
bien traitées. Ces simples portraits valent plus
d'une statue et affirment un très-grand talent.

Parmi les *animaliers* de la sculpture, nous
citerons M. Mène, qui a de jolis bronzes et des
cire habilement maniés ; M. Cain, dont l'*Aigle
chassant un vautour* est un beau combat ailé
qui devrait prendre place au Muséum d'histoire
naturelle ; M. Jacquemart, qui a modelé d'un
doigt ferme et hardi un *Lion*, celui même du
jardin des Plantes, tenant un chien endormi
entre ses pattes, et bâillant de cet ennui formidable et majestueux qui semble une nostalgie
du désert et du soleil. En finissant, nous rap-
pellerons que M. Eugène Gonon expose vaine-

ment chaque année des chefs-d'œuvre de fonte ;
son *Rossignol pris au lacet*, son *Pinson mort*,
son *Rossignol pris au piége*, en dehors du
mérite de la sculpture, sont des merveilles
d'exécution. M. Gonon, auquel on doit le *Lion
au serpent* de M. Barye, connaît seul aujour-
d'hui le procédé de fonte à cire perdue des
anciens et des frères Keller. Est-ce qu'on ne
fera jamais rien pour cet homme de persévérance et de talent?

Notre tâche est terminée. Avons-nous été
sincère ? oui, mais avec indulgence ; quand le
niveau est à peu près égal, il est indifférent de
louer ou de blâmer ; en nous montrant sévère ou
seulement strictement juste, nous aurions craint
de nuire au petit commerce de toiles peintes qui
se fait pendant l'exposition, et qui, cette année,
a déjà procuré, dit-on, de beaux bénéfices,
trop beaux même, je le crains, car ils me paraissent de nature à illusionner les peintres sur
leur propre valeur. Cependant, une exhibition
qui promet MM. Baudry, de Cock et Brendel,

qui élève M. Matout, qui confirme MM. Jadin, Français et Fromentin, qui grandit M. François Millet, M. Belly et M. Daubigny, contient des enseignements dont les chercheurs sauront sans doute profiter. Mais est-ce suffisant? non. Pour bien juger des choses, il faut parfois résumer son opinion en supposant un malheur : le feu détruirait de fond en comble le Salon de 1857, serait-ce une perte pour l'art? non. Il n'y existe pas un objet dont l'équivalent ne soit facile. En somme, cette exposition dénonce une adresse matérielle extraordinaire et très-répandue; c'est bon signe, car maintenant que chacun sait son métier, nous espérons qu'on va se mettre à faire de l'art.

FIN.

INDEX

—

A

11

H

11.

V

W

Y

Z

FIN DE L'INDEX.

TABLE

—

FIN DE LA TABLE.